NOVA BIBLIJSKA KUHARICA PIŠČANCA

100 slastnih piščančjih receptov za enostavne večerje, pirhe, krila, ki vam bodo všeč

Vesna Breznik

Vse pravice pridržane.

Zavrnitev odgovornosti

Informacije v tej knjigi naj bi služile kot obsežna zbirka strategij, o katerih je avtor te knjige izvedel raziskavo. Povzetke, strategije, nasvete in trike priporoča le avtor in branje te knjige ne zagotavlja, da bodo rezultati natančno odražali avtorjeve rezultate. Avtor knjige se je po svojih najboljših močeh trudil zagotoviti aktualne in točne informacije za bralce knjige. Avtor in njegovi sodelavci ne odgovarjajo za morebitne ugotovljene nenamerne napake ali pomanjkljivosti. Gradivo v knjigi lahko vključuje informacije tretjih oseb. Gradiva tretjih oseb vsebujejo mnenja, ki so jih izrazili njihovi lastniki. Kot tak avtor knjige ne prevzema odgovornosti za nobeno gradivo ali mnenja tretjih oseb. Bodisi zaradi napredka interneta ali nepredvidenih sprememb v politiki podjetja in smernicah za uredniško oddajo, lahko tisto, kar je v času tega pisanja navedeno kot dejstvo, kasneje postane zastarelo ali neuporabno.

Knjiga je avtorsko zaščitena © 2023 z vsemi pravicami pridržanimi. Nadaljnja distribucija, kopiranje ali ustvarjanje izpeljanega dela iz te knjige v celoti ali delno je nezakonito. Nobenega dela tega poročila ni dovoljeno reproducirati ali ponovno prenašati v kakršni koli reproducirani ali ponovno posredovani obliki brez pisnega in podpisanega dovoljenja avtorja.

KAZALO

KAZALO 3

KRETNI PIŠČANEC 9

1. JAMAJKA JERK PIŠČANEC NA ŽARU 10
2. LEŠNIKOV PIŠČANEC NA JAMAJŠKI NAČIN 12
3. CARIBBEAN JERK CHICKEN SOLATA WRAPS 15
4. JAMAICAN JERK PIŠČANČJA SOLATA 18
5. BUČKINE TESTENINE S PIŠČANCEM IN BROKOLIJEM 20
6. PIŠČANČJI CURRY Z NIZKO VSEBNOSTJO OGLJIKOVIH HIDRATOV 23
7. PIŠČANČJI BUČKINI REZANCI 26
8. PAN JAMAICAN JERK CHICKEN 29
9. AZIJSKI PIŠČANEC 32

PIŠČANEC NA ŽARU 35

10. PIŠČANEC NA NABODALA 36
11. INDONEZIJSKI PIŠČANEC 39
12. AZIJSKA RACA NA ŽARU 42
13. PIŠČANČJE PRSI V JOGURTU 45
14. GRŠKO ZAČINJEN PURAN NA ŽARU 48
15. PIŠČANČJI TANDOORI BBQ 50
16. ČILI PIŠČANEC NA ŽARU 53
17. BBQ PIŠČANEC IN ANDOUILLE HAŠIŠ 57
18. BALZAMIČNO GLAZIRAN PIŠČANEC 60
19. BOURBON PIŠČANEC NA ŽARU 63
20. ČILEJEVA KRILA NA ŽARU 66
21. VROČE PIŠČANČJE PERUTI NA ŽARU 68
22. PIŠČANČJE PERUTI Z BELIM POPROM 70
23. PTICA NA ŽARU S SLANINO 73
24. CAJUN PURAN FILE NA ŽARU 75

25. BBQ Cornish divjačine 77
26. Piščanec na žaru s karijem 79
27. Mandljev piščanec na žaru 81
28. Piščanec na žaru in zelenjava 84
29. Piščanec na žaru s karijem in kokosom 87
30. Piščanec na žaru s havansko omako 89
31. Pečen piščanec z limoninimi zelišči 92
32. Piščanec Pintxo 95

PIŠČANČJA JUHA 97

33. Juha s piščancem in kvinojo 98
34. Sirasta fižolova in piščančja juha 101
35. Piščančja in zelenjavna juha 104
36. Fižolova in chorizo enolončnica 106
37. Piščanec Fo 109
38. Piščanec v pivu 113
39. Cajun globoko ocvrt puran 115
40. Piščanec v odeji 118
41. Ocvrt piščanec v pinjencu 121
42. Brazilski piščančji kroketi 123
43. Ocvrte kokoši Cornish z limono 126
44. Česnove piščančje žogice za golf 128
45. Zlate kepe 131
46. Hrustljava kremna prepelica 134
47. Piščančji trakovi z limono 137
48. Perth globoko ocvrta krila 140
49. Začinjeni ocvrti trakovi 142
50. Začinjeno puranje cvrtje 145
51. Turčija Squash Scramble 148
52. Air Fryer Almond Chicken 150
53. Cvrtnik Caprese polnjen piščanec 152

54. Air Fryer Chicken Chimichangas 155
55. Piščančja krila Blackberry Chipotle 158

PIŠČANČJA SOLATA 160

56. Piščančja solata v skodelicah zelene solate 161
57. Puranji polnjeni čolni 164
58. Skodelice solate Taco 167
59. Kitajski kozarci s piščančjo solato 170

PEČEN PIŠČANEC 173

60. Piščanec pesto s sončničnimi semeni 174
61. Obilni cvetačni riž s piščancem 177
62. Cmoki s piščancem in sladkim krompirjem 180
63. Kremasto pečen piščanec 183
64. Pečen piščanec in paradižnik 186
65. Sheet Pan Fajitas 189
66. Piščančji krompirjev hašiš 192
67. Pečen balzamični piščanec 195
68. Oljčni piščanec 198
69. Piščančja in zelenjavna sota 201
70. Piščanec, zelenjava in mango 204
71. Piščanec Margarita 207
72. Piščanec Pad Thai 210
73. Piščanec z ananasom 213
74. Puran bazilike s pečenimi paradižniki 215
75. Preprost piščančji parmezan 218
76. Piščanec Marsala 221
77. Česnov piščanec s čedarjem 224
78. Piščančji Fettuccini Alfredo 227

PIŠČANČJA ENOLOČNICA 230

79. Piščančja cvetačna enolončnica 231

80. Piščančja in zelenjavna enolončnica 234
81. Preprosta enolončnica za večerjo 237
82. Rižota z gobami in piščancem 239
83. Piščančja enolončnica z orehi 242
84. Kremna enolončnica s piščančjimi rezanci v enem lončku 245
85. Piščanec na žaru v enolončnici 249
86. Piščančja enolončnica iz kisle smetane 252

PIŠČANČJI CURRY 255

87. Piščančji kokosov kari 256
88. Puranje prsi s karijem 259
89. Tajski zeleni curry 261
90. Kokosova curry juha z rezanci s piščancem 263
91. Tajska kokosova ramenska juha 266
92. Vietnamski piščančji curry 269
93. Tajski piščanec s kokosovim curryjem 272
94. Piščančji curry z nizko vsebnostjo ogljikovih hidratov 275

ZAVITKI IN SENDVIČI 278

95. Mediteranski zavitek s piščancem 279
96. Piščančji suši burger 282
97. Polinezijski piščančji sendviči 289
98. Tandoori piščančji sendviči 292
99. Waldorfski sendvič s piščancem 295
100. Kumarični piščančji pita sendviči 297

ZAKLJUČEK 299

UVOD

Dobrodošli v "NOVA BIBLIJSKA KUHARICA PIŠČANCA", kulinarični zbirki, ki slavi raznolik in okusen svet piščančjih jedi. V tej okusni zbirki vam predstavljamo 100 slastnih receptov, vsakega spremlja mamljiva podoba, ki bo navdihnila vašo kulinarično ustvarjalnost in vam pustila hrepenenje po še več.

Piščanec, kulinarična stalnica, ki jo uživajo v različnih kulturah in kuhinjah, ima edinstveno sposobnost prilagajanja številnim okusom, zaradi česar je vsestransko platno za kulinarično eksperimentiranje. Ne glede na to, ali ste izkušen kuhar ali ambiciozen domači kuhar, bo ta kuharska knjiga vaš glavni vir za ustvarjanje široke palete prijetnih piščančjih jedi, ki bodo navdušile družino in prijatelje. Naš cilj je povzdigniti piščanca iz skromne beljakovine v zvezdo sestavino, ki jo prepoji s kalejdoskopom okusov, tekstur in arom. Od klasičnih priljubljenih udobnih jedi, ki ogrejejo dušo, do sodobnih in eksotičnih kreacij, ki vaše brbončice popeljejo na svetovno pustolovščino, so vsi recepti v tej kuharski knjigi natančno oblikovani, da navdušijo in zadovoljijo.

Toda **NOVA BIBLIJSKA KUHARICA PIŠČANCA ne** govori samo o okusnih obrokih; gre tudi za slavljenje umetnosti vizualne predstavitve. Vsak recept je povezan z osupljivo sliko, ki ujame bistvo jedi, sproži vaš apetit in vas navdihne za ustvarjanje kulinaričnih mojstrovin, ki so enako prijetne za oči in brbončice.

Ko se podate na to okusno potovanje, boste odkrili užitek kuhanja z različnimi kosi piščanca, eksperimentiranja z začimbami, zelišči in začimbami ter obvladovanja kuharskih tehnik, ki prinašajo najboljše iz te vsestranske beljakovine. Ne glede na to, ali iščete hitre in enostavne večerje med tednom ali se pripravljate na posebno srečanje, imajo naši skrbno izbrani recepti nekaj za vsako priložnost.

Torej, pripravite se, da razširite svoj kulinarični repertoar, odklenete nove kombinacije okusov in se znova zaljubite v piščanca. NOVA BIBLIJSKA KUHARICA PIŠČANCA je vaš potni list v svet slanih užitkov, kjer vas vsak obrat strani pripelje korak bližje temu, da postanete poznavalec piščanca.

Z vsakim receptom, ki je predstavljen poleg mamljive slike, se pripravite, da se potopite v kulinarično pustolovščino, ki navduši tako vaše brbončice kot vašo domišljijo. Podajte se na to potovanje skupaj, slavimo čarobnost piščanca in ustvarimo nepozabne jedi, ki jih bodo vaši najdražji cenili še leta.

Prijetno kuhanje in naj bo vaša kuhinja napolnjena s čudovitimi aromami " NOVA BIBLIJSKA KUHARICA PIŠČANCA"!.

KRETEN PIŠČANEC

1. Jamajka jerk piščanec na žaru

NAREDI : 1 Porcijo

SESTAVINE

- 4 piščančje prsi; (do 6)
- 1 kozarec omake JERK

NAVODILA:

a) Operite in očistite piščanca.

b) Segrejte žar.

c) Piščanca namažite z omako JERK 20 minut

d) Piščanca pečemo na žaru 6 minut na vsaki strani ali dokler ni pečen.

e) Med kuhanjem po potrebi namažite piščanca z omako Jerk.

2. Lešnikov piščanec na jamajški način

NAREDI : 2

SESTAVINE

- 2 Razrezane cele piščančje prsi
- Sol in poper po okusu
- 6 unč odmrznjenega koncentrata pomarančnega soka
- 1 lovorjev list
- Sok majhne limete
- ½ skodelice drobno sesekljanih lešnikov (praženi oregonski lešniki)

NAVODILA:

a) Piščanca začinite s soljo in poprom. Zapecite piščanca na obeh straneh v ponvi na srednjem ognju.

b) Zmanjšajte na nizko in dodajte ½ skodelice vode, 1 čajno žličko soli, ½ čajne žličke popra, pomarančni sok in lovorov list.

c) Zavremo, pokrijemo in pustimo vreti 20 minut. Med kuhanjem piščanca enkrat obrnite. Odstranite piščanca in ga hranite na toplem. Tekočino med nenehnim mešanjem pustimo vreti na močnem ognju 5 minut.

d) Vmešajte limetin sok; nežno segrejte.

e) Piščanca položimo na servirni krožnik, prelijemo z omako in potresemo z orehi.

3. Caribbean Jerk Chicken Solata Wraps

ČAS PRIPRAVE: 10 MIN

ČAS KUHANJA: 10 MIN

DOBITEK: 4

SESTAVINE

- 2 Piščančja prsa narezana na majhne koščke
- 1 žlica kokosovega olja
- 8 listov Romaine
- 1 žlica začimbe Jerk
- 3 sesekljane zelene čebule
- 2 skodelici mešanice zeljne solate
- 1/4 skodelice sesekljanega svežega cilantra
- 1 limeta, narezana na 4 rezine

ZA OMAKO:

- 1 6oz tako okusnega gojenega jogurta s kokosovim in vaniljevim mlekom
- 1/2 čajne žličke začimbe Jerk

NAVODILA

a) V veliko ponev dodajte kokosovo olje, piščanca in začimbe.

b) Kuhajte, dokler ni več rožnato.

c) Liste romaine napolnite tako, kot bi napolnili lupino takosa s preostalimi sestavinami.

d) Na vsak zavitek iztisnite limetin sok.

e) Omako mešajte, dokler ni dobro premešana. Po vrhu pokapamo omako.

f) Uživajte!

4. Jamaican Jerk piščančja solata

NAREDI : 4

ČAS PRIPRAVE: 5 MINUT

ČAS KUHANJA: 30 MINUT

SESTAVINE

- 1 lb. Piščančje prsi brez kosti in kože (kuhane in sesekljane)
- 1/3 skodelice majoneze
- 2 stebli zelene (sesekljane ali narezane)
- 2 na ognju pečeni rdeči papriki (sesekljani)
- 2 žlički Jamaican Jerk začimbe
- Sol/poper po okusu

NAVODILA

a) Zmešajte vse sestavine in shranite v nepredušni posodi.

5. Bučkine testenine s piščancem in brokolijem

NAREDI 4

SESTAVINE

- 3 1/2 skodelice cvetov brokolija, obrezanih
- 4 žlice oljčnega olja
- Košer sol
- Popramo po okusu
- 1 lb testenin iz bučk, kuhanih
- 1/2 lb piščančjih prsi, narezanih na kocke
- 1/2 skodelice naribanega parmezana
- 1 žlica masla
- 4 zvrhane žlice rikote

NAVODILA

a) Pečico segrejte na 425 °F

b) Brokoli položimo v pekač

c) Brokoli premešajte s 3 žlicami olja, soljo in poprom

d) Pražimo 15 minut oziroma toliko časa, da brokoli postane hrustljav, vendar ne popolnoma rjav

e) V veliko ponev na srednje močnem ognju dodajte preostale žlice olja

f) Rjav piščanec, razdrobite z vilicami, dokler ni kuhan, 5 do 7 minut

g) Ogrevajte na visoko

h) Mešajte, dokler tekočina ni videti emulgirana in sočna

i) V ponev dodajte testenine iz bučk, parmezan in maslo

j) Mešajte s kleščami, dokler ni vse enakomerno porazdeljeno, po potrebi dodajte več vode, da se zrahlja

k) Razdelite v 4 sklede

l) Na vrh dajte hrustljav brokoli, še nariban parmezan in kepico sira rikota

6. Piščančji curry z nizko vsebnostjo ogljikovih hidratov

NAREDI: 3

SKUPNI ČAS : 20-25 minut

SESTAVINE

- 2 žlici kokosovega olja
- 5-palčni ingver
- 1 srednji zeleni čili
- 2 majhni šalotki
- 2 stroka česna
- 2 čajni žlički kurkume v prahu
- 1 steblo limonske trave
- 1/2 skodelice kokosovega mleka
- 1/2 skodelice vode
- 6 majhnih piščančjih krač
- 1/2 čajne žličke soli
- 1 žlica cilantra, sesekljanega

NAVODILA

a) Ingver, zeleni čili , šalotko in stroke česna pretlačite v pestilu in možnarju ali v mešalniku.

b) Segrejte kokosovo olje na srednje visoki temperaturi in dodajte zdrobljene sestavine . C kuhajte 3 minute .

c) Dodajte kurkumo v prahu in zdrobljeno limonsko travo.

d) Vmešajte piščanca.

e) A dd kokosovo mleko in voda. Začinimo s soljo in pustimo vreti približno 20 minut.

f) Postrezite s posipom cilantra!

7. C kokoš Bučkini rezanci

NAREDI: 1

SKUPNI ČAS : 20 minut

SESTAVINE

- 1/2 čajne žličke karija v prahu
- 5 oz. Piščančja stegna, narezana na koščke velikosti
- 1 žlica kokosovega olja
- 1 steblo mlade čebule
- 1 strok česna
- 5 oz. Bučke, spiralizirane
- 1 čajna žlička sojine omake
- 1/2 čajne žličke omake iz ostrig
- 1/8 čajne žličke belega popra
- 1 čajna žlička limetinega soka
- Rdeči čili , sesekljan
- Sol in poper po okusu

NAVODILA

a) Začnite tako, da piščanca začinite s karijem v prahu ter ščepcem soli in popra.

b) Zmešajte sojino omako, ostrigovo omako in beli poper, da naredite omako.

c) V ponvi spečemo začinjenega piščanca s kokosovim oljem . Odložite za trenutek.

d) V isti ponvi prepražimo mlado čebulo in sesekljan česen ter v ponev dodamo bučke .

e) Vlijemo omako in dobro premešamo. Zmanjšajte, dokler ne ostane le majhna količina tekočine.

f) Primešamo koščke ocvrtega piščanca.

g) Na vrh iztisnite nekaj limetinega soka in okrasite z nekaj sesekljanimi rdečimi čiliji .

8. Pan Jamaican Jerk Chicken

Dobitek: 4

SESTAVINE

ZAČIMBA ZA JERK

- 1 1/2 čajne žličke eritritola
- 1 čajna žlička soli
- 3/4 čajne žličke mletega pimenta
- 1/2 čajne žličke črnega popra
- 1/2 čajne žličke česna v prahu
- 1/2 čajne žličke paprike
- 1/2 čajne žličke posušenega peteršilja
- 1/4 čajne žličke posušenih listov timijana
- 1/4 čajne žličke mletega cimeta
- 1/4 čajne žličke mletega muškatnega oreščka

PIŠČANEC

- 4 piščančja stegna s kostjo in kožo
- 2 žlici avokadovega olja, za ponev
- 1/4 skodelice sesekljane čebule
- 12 unč riževe cvetače

- Rezine limete, za serviranje

NAVODILA

a) Pečico segrejte na 375 ° F.

b) V majhni skledi zmešajte sestavine za začimbe za jerk. Z mešanico začimb natrite piščanca.

c) V veliki ponvi na srednjem ognju segrejte olje, dokler ne zasveti. Piščanca položite s kožo navzdol v ponev in kuhajte brez motenj 4 minute, dokler koža ne postane zlato rjava. Piščanca obrnite in kuhajte še 4 minute.

d) Odstranite piščanca na krožnik in dodajte čebulo v ponev.

e) Pražite, dokler ne postane prosojno, približno 4 minute. Dodajte riževo cvetačo in kuhajte, dokler se ravno ne zmehča, še 4 minute.

f) Piščanca vrnite v ponev s kožo navzgor in ponev prestavite v pečico.

g) Pečemo 20 minut ali dokler piščanec ne doseže notranje temperature 165°F. Postrezite z rezinami limete.

9. azijski piščanec

NAREDI: 2

SKUPNI ČAS : 20 minut

SESTAVINE

- 2 srednji piščančji stegni brez kosti , narezani na koščke
- 1 čajna žlička mletega ingverja
- Sol in poper po okusu
- 1/2 srednje velike zelene paprike , narezane na kocke
- 2 veliki mladi čebuli , sesekljani
- čiliji Bird's Eye brez semen

OMAKA

- 1 žlica sojine omake
- 2 žlici česnove paste Chi l li
- 1 žlica Kečap
- 2 čajni žlički sezamovega olja
- 1/2 čajne žličke javorjevega izvlečka
- 10 kapljic tekoče stevije

NAVODILA

a) Za pripravo omake : dodajte vse sestavine v veliko posodo za mešanje in dobro premešajte.

b) Piščanca začinite s soljo, poprom in mletim ingverjem .

c) Na srednje močnem ognju segrejte ponev in dodajte piščanca, ko je zelo segret. Kuhajte, dokler piščanec ni zlato rjav.

d) Ko je piščanec popečen, dodamo zelenjavo in dušimo še nekaj minut.

e) Omako vlijemo v ponev in pustimo, da se nekoliko zreducira.

f) Postrezite z najljubšo keto priloga.

PIŠČANEC NA ŽARU

10. <u>**Piščanec na nabodala**</u>

Dobitek: 6 porcij

SESTAVINE

- 3 funte piščančjih prsi brez kosti, narezane na 4-palčne kose
- 2 stroka česna, mleto sol in poper po okusu
- 4 zmerne s Čebula, drobno sesekljana
- 2 žlici olja
- 1½ čajne žličke koriandra
- ½ čajne žličke kumine
- 1½ čajne žličke vročega curryja
- 1 žlica rjavega sladkorja
- ½ skodelice svežega limoninega soka
- 4 žlice marelične marmelade
- 2 žlici moke
- 30 Polovičke posušenih marelic
- 1 čebula, narezana na 2-palčne kvadrate
- 2 lovorjeva lista

NAVODILA

a) V veliki posodi zmešajte koščke piščanca, česen, sol in poper; dati na stran. V zmerni ponvi na olju prepražimo čebulo, da zlato porumeni. Vmešajte koriander, kumino in curry v prahu.

b) Premešajte, da prekrijete čebulo, nato dodajte rjavi sladkor, limonin sok in marmelado. Dodajte $\frac{1}{2}$ skodelice vode. Med nenehnim mešanjem zavremo. Odstavimo z ognja. Ko se ohladi, prelijemo čez piščanca. Dodamo lovorjev list in čez noč pustimo v hladilniku. Naslednji dan na nabodala nabodemo meso s čebulo in marelicami.

c) Pečemo na oglju ali na žaru (7 minut na vsaki strani). Medtem ko se meso peče na žaru, iz slanice vzemite lovorjev list in ga prestavite v težak lonec. Zavremo.

11. indonezijski piščanec

Dobitek: 4 porcije

SESTAVINE

- 3 funte piščanca na žaru
- 1 skodelica Kecap
- 2 olupljena in pretlačena stroka česna
- 2 žlici svežega limetinega soka
- ½ skodelice stopljenega, nesoljenega masla
- ½ čajne žličke naribanega svežega ingverja
- 1 čajna žlička Sambal oelek
- 1 paket Kroepoek oedang
- Koruzni škrob za zgostitev slanice za omako
- Sladka sojina omaka.
- Pekoča omaka.
- Napihnjenci s kozicami.

NAVODILA

a) Piščanca narežite na 8 kosov. Zmešajte preostale sestavine razen kozic. Dodajte koščke piščanca; zmešajte za premaz.

b) Marinirajte 2 uri pri sobni temperaturi, občasno premešajte. Kose piščanca vzemite iz slanice

c) Pecite nepokrito pri 400 F. 35 do 40 minut ali dokler ni pečeno, po potrebi polijte. Če se prehitro zapečejo, jih pokrijemo s folijo.

d) Prihranjeno slanico s koruznim škrobom segrejte, dokler se ne zgosti, in po želji postrezite kot omako. Postrezite z napihnjenimi kozicami ob strani. Te preprosto ocvrete v vroči maščobi ali olju in jih takoj odcedite na papirnatih brisačah. Čips se bo NAPIHnil takoj, ko bo zadel v maščobo.

12. Azijska raca na žaru

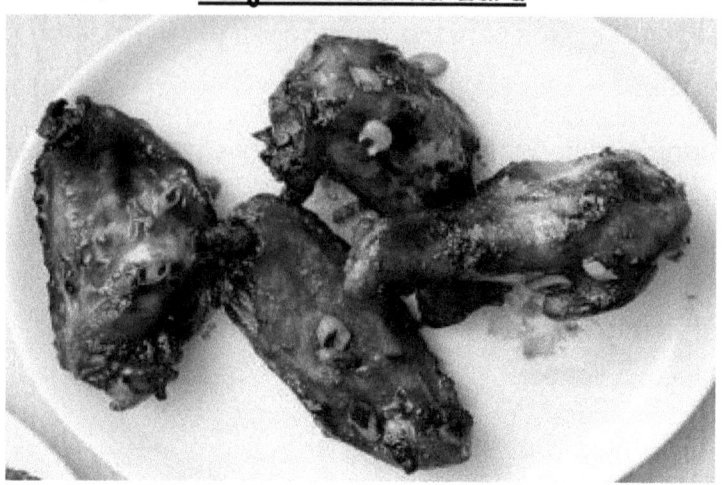

Dobitek: 6 porcij

SESTAVINE

- 2 raci (5 lb. vsaka)
- 6 unč slivovega džema
- 1 skodelica papajinega soka
- ½ skodelice riževega vinskega kisa
- ¼ skodelice sojine omake
- 2 palca ingverja
- 4 žlice bazilike
- 4 stroki česna, narezani na kocke
- ½ čebule, narezane na kocke
- 1 jalapeno poper, brez semen

NAVODILA

a) Race povsod prebodemo z vilicami. Postavite v soparnik s približno 1" vode. Zavrejte. Zmanjšajte ogenj in pokrijte.

b) Kuhajte 50 do 60 minut. Race narežite na kose velikosti porcij.

c) Preostale sestavine zmešajte v kuhinjskem robotu. Kose race položimo v ravno steklen pekač in prelijemo s slanico.

d) Pustite, da se kosi race marinirajo 1 uro in jih v tem času enkrat obrnite . Pripravite žar – ni pripravljen, dokler VSE oglje nima DEBELE, enakomerne prevleke sivega pepela.

e) sredino žara postavite posodo za zbiranje tekočine z vročim ogljem. Kose race položite na mrežo neposredno nad posodo za zbiranje tekočine.

f) Postavite pokrov na žar. Kuhajte, dokler koža ne porjavi in je raca pečena po okusu. Postrezite toplo.

13.   **piščančje prsi v jogurtu**

Dobitek: 4 porcije

SESTAVINE

- 6 piščanca brez kosti in kože

JOGURTOVA SLANICA

- 1 čajna žlička popražene in zdrobljene kumine
- ½ čajne žličke rdečih čilijevih kosmičev
- 2 žlički pečenega česna
- ¼ skodelice mletih kapesant
- 1 skodelica navadnega jogurta
- 1 čajna žlička paprike
- 1 žlica svežega limoninega soka

LIMONO-PEHHTANOV VINAIGRET

- ½ c svežega limoninega soka
- 1 čajna žlička naribane limonine lupinice
- 2 žlici belega vinskega kisa
- 1 žlica mlete šalotke
- 2 žlici mletega svežega pehtrana
- 2 čajni žlički medu
- ½ skodelice oljčnega olja

- razmaščena piščančja osnova
- Košer sol in sveža
- mleti beli poper

NAVODILA

a) V zmerno posodo zmešajte sestavine slanice. Dodajte piščanca in ga marinirajte v hladilniku vsaj 2 uri. V posodi zmešajte limonin sok, limonino lupinico, kis, šalotko, pehtran in med ter zmešajte z ročnim mešalnikom.

b) Počasi dodajajte olivno olje ali osnovo, bodisi z ročnim stepanjem ali 2- do 3-kratnim pulziranjem z ročnim mešalnikom. Vinaigrette ne sme biti emulgiran, ampak naj ostane zelo lahek v telesu.

c) Po okusu začinimo s soljo in poprom

d) Pokrito hranite v hladilniku do 3 dni.

e) S piščanca obrišite odvečno slanico. Pecite na žaru ali žaru, dokler ni piščanec pravkar pripravljen in sočen, približno 3 do 4 minute na vsaki strani. Medtem ko se piščanec peče, v veliki ponvi segrejte oljčno olje in na hitro prepražite slano zelenjavo, dokler ne oveni.

f) Piščanca postrezite na vrhu zelenja in po okusu potresite z vinaigrette.

14. <u>Grško začinjen puran na žaru</u>

Dobitek: 1 porcija

SESTAVINE

- ¼ skodelice svežega limoninega soka
- 3 žlice vode
- 1 žlica olivnega olja
- ½ čajne žličke posušenega origana
- ½ čajne žličke začimbe v grškem slogu
- ¼ čajne žličke črnega popra
- 2 stroka česna; zdrobljen
- 1 funt 'kotletov' puranjih prsi

NAVODILA

a) Prvih 7 sestavin zmešajte v veliki, odporni vrečki z zadrgo. Dodajte purana.

b) Zaprite vrečko in pretresite, dokler puran ni dobro prevlečen. Marinirajte v hladilniku 30 minut, vrečko občasno obrnite.

c) Purana vzamemo iz slanice, ponovno razdelimo slanico. Rešetko za žar premažite s pršilom za kuhanje. Postavite na žar na zmerno vroče oglje.

d) sredini ni več rožnat.

15.   Piščančji tandoori BBQ

Dobitek: 6 porcij

SESTAVINE

- 16 unč navadnega jogurta
- ¼ skodelice limetinega soka
- 2 stroka česna, fino
- Na kocke ali stisnjeno
- 2 žlički soli
- ¼ čajne žličke kurkume
- ½ čajne žličke koriandra
- 1 čajna žlička mlete kumine
- 1½ čajne žličke mletega ingverja
- ⅛ čajne žličke kajenskega popra
- 3 cele piščančje prsi
- 1 velika čebula, drobno narezana
- 1 velika zelena paprika

NAVODILA

a) Pripravite vroče oglje ali segrejte žar 10 minut.

b) V velikem krožniku zmešajte Jogurt, koriander, limetin sok, kumina, česen, ingver, sol, kajenski poper in kurkuma.

c) Mešajte, da se premeša. Dodamo koščke piščanca in premešamo za premaz. Pokrijte mešanico in piščanca s papriko in čebulo. Pokrov. Ohladite čez noč

d) Obrnite in kuhajte do konca, približno 15 do 20 minut. Ves čas kuhanja zalivajte s slanico. WALT

16. **Čili piščanec na žaru**

Donos: 2 ali 3

SESTAVINE

- 1 skodelica navadnega jogurta
- 1 žlica limoninega soka
- ½ skodelice čebule; grobo narezana
- 1 čajna žlička semen kumine
- 1 čajna žlička popra
- 1 čajna žlička sečuanskega popra
- 2 sveža rdeča čilija
- 2 žlici gorčičnega olja
- Sol po okusu
- 1½ funta piščančjih prsi
- 2 žlici gorčičnega olja
- 3 suhe cele rdeče paprike
- ½ čajne žličke kurkume
- 1 skodelica čebule; drobno narezana
- 1 čajna žlička česna; mleto
- 1 čajna žlička svežega ingverja; drobno naribano
- 2 rdeča čilija; mleto

- 1 čajna žlička kumine v prahu
- 1 čajna žlička koriandra v prahu
- 1 čajna žlička sveže mletega črnega popra
- Sol po okusu
- 1 skodelica paradižnika; narezan na kocke
- 1 skodelica piščančje juhe
- ½ skodelice zelene čebule; narežemo na 1-palčne dolžine

NAVODILA

a) V mešalniku zmešajte jogurt, limonin sok, čebulo, semena kumine, poper v zrnu, rdeči čili, gorčično olje in sol. Zmešajte, da nastane gladka pasta.

b) Piščanca v velikem krožniku prelijemo s pasto za mariniranje. Dobro premešamo, pokrijemo in pustimo marinirati vsaj štiri ure.

c) Mariniranega piščanca pecite na žaru na oglje, ki ga občasno obračate navzgor, dokler ni pečen, približno 7 minut. Piščanca na žaru narežite na 1-palčne trakove.

d) V ponvi na zmernem ognju segrejte 2 žlici gorčičnega olja. Celo suho rdečo papriko prepražimo do temne. Dodamo kurkumo in mešamo 15 sekund. Dodamo čebulo in na zmernem ognju pražimo do rjave barve. Mešanici čebule dodajte česen, ingver, rdeči čili, kumino, koriander, črni poper in sol.

e) Pražimo 30 sekund, nato dodamo paradižnik in piščančjo juho.

f) Zmanjšajte ogenj, da zavre, in pustite, da se mešanica paradižnika in čebule kuha približno 10 minut, dokler se ne zgosti. Piščančje trakove na žaru premaknite v omako; dobro premešamo. Kuhamo še 10 minut, da izhlapi odvečna tekočina, da se kosi piščanca oblijejo z omako. Prilagodite začimbe s soljo in poprom. Okrasite z zeleno čebulo. Postrezite z rižem ali rotijem.

17. **BBQ piščanec in Andouille hašiš**

Dobitek: 4 porcije

SESTAVINE

- 6 unč piščančjih prsi
- ¼ skodelice BBQ omake
- Sol in poper
- 2 žlici olivnega olja
- 2 skodelici na kocke narezanega kuhanega krompirja
- ¼ skodelice majhne narezane čebule
- 2 žlici mlete šalotke
- 1 skodelica na kocke narezane klobase Andouille
- 1 žlica mletega česna
- Poširana jajca:
- 4 jajca
- 3 žlice narezane zelene čebule

NAVODILA

a) Segrejte žar ali žar. Piščanca začinimo s soljo in poprom.

b) S čopičem namažite piščanca z BBQ omako in v celoti prekrijte prsi.

c) Piščanca položimo na segret žar ali žar in pečemo 5-6 minut na vsaki strani. Odstavimo in ohladimo.

d) Za hašiš: V ponvi segrejte olje. Dodajte krompir in pecite, občasno stresajte ponev 2 minuti. Dodajte čebulo, šalotko in andouille ter med mešanjem pražite 1 minuto. Piščanca BBQ narežite na majhne kocke in dodajte mešanici andouille ter pražite 1 minuto. Dodamo česen in začinimo s soljo in poprom ter občasno mešamo 4 minute.

e) Za poširano jajce: V majhni ponvi na močnem ognju zavrite 3 skodelice vode s ½ čajne žličke belega kisa in ½ čajne žličke soli.

f) Razbijte jajce v skodelico in ga nežno potisnite v vodo. V skodelico razbijte še eno jajce in ko voda ponovno zavre, potisnite tudi to jajce v vodo.

g) Ko voda spet zavre, zmanjšajte ogenj na nizko in kuhajte, dokler se jajca ne strdijo, približno 2-2 minuti in pol. Odcedimo na papirnatih brisačah.

h) Osnova iz morskih sadežev: Zmešajte ½ skodelice stopljenega masla, 3 žlice limoninega soka, 2 žlici mletega peteršilja in ½ žlice naribane limonine lupinice.

18. **Balzamično glazirani piščanec**

Dobitek: 4 porcije

SESTAVINE

- 1 (3 1/2 do 4 funte) piščanec
- 2 stroka česna, drobno sesekljana
- 4 žlice na kocke narezanih listov rožmarina
- 2 žlici sveže mletega črnega popra
- 1 čajna žlička morske soli
- 3 žlice deviškega oljčnega olja
- 2 unči skorje pršuta
- 2 unči parmezanove skorje
- 2 zmerni s Rdeča čebula, narezana na
- 1 inčni diski
- 1 kozarec Lombroso
- 4 žlice balzamičnega kisa
- 6 velikih radičev iz Trevisa
- 2 žlici ekstra deviškega oljčnega olja

NAVODILA :
a) Žar segrejte na 375 stopinj.

b) Piščanca sperite in posušite. Izvlecite drobovino in jo postavite na stran.

c) Sesekljajte česen, rožmarin, poper in morsko sol ter zmešajte z deviškim oljčnim oljem. Zunanjost piščanca po celem namažite z mešanico rožmarina. Pršut in lupinico parmezana položite v votlino in pustite čez noč v hladilniku.

d) Na dno majhnega pekača z debelim dnom položite čebulne kolute in drobovje. Piščanca položite na čebulo s prsmi navzgor. Čebulo prelijemo s kozarcem Lombrosa in piščanca po vsem namažemo s 4 žlicami balzamičnega kisa.

e) Postavite v žar in pecite 1 uro in 10 minut.

f) Radič po dolgem prerežemo na pol in ga položimo na žar ter pečemo 3 do 4 minute na vsako stran. Vzemite iz žara in premažite z ekstra deviškim oljčnim oljem ter odstavite. Ptico vzamemo z žara in pustimo počivati 5 minut. Piščanca premaknite na krožnik za rezljanje. V posodo dajte čebulo in drobovino skupaj s sokom. Piščanca narežite, poškropite s preostalim kisom in takoj postrezite.

19. **Bourbon piščanec na žaru**

Dobitek: 8 porcij

SESTAVINE

- 2 funta piščančjih prsi brez kosti in kože
- ½ skodelice narezane čebule
- 2 stroka česna; mleto
- 1 žlica olivnega olja
- 2 žlički pomarančne lupinice
- ⅓ skodelice pomarančnega soka
- 1 žlica vinskega kisa
- ⅓ skodelice viskija Bourbon
- ½ skodelice melase
- ½ skodelice Catsup
- 1 žlica omake za zrezke
- ¼ čajne žličke suhe gorčice
- Sol in sveže mlet črni poper
- Tabasco; okusiti
- 1 čajna žlička čilija v prahu
- 1 ščepec nageljnovih žbic

NAVODILA

a) Vse sestavine razen piščanca dobro premešajte. Piščanca mariniramo 4 ure.

b) Vzamemo iz slanice in spečemo na žaru, pogosto polivamo s slanico.

20. <u>Čilejeva krila na žaru</u>

Dobitek: 4 porcije

SESTAVINE

- 1 skodelica ananasovega soka
- 2 žlici balzamičnega kisa
- 2 žlici temno rjavega sladkorja
- 4 stroki česna; drobno sesekljan
- 1 škotski bonnet ali habanero čili ; drobno sesekljan
- ½ čajne žličke mletega pimenta
- 24 piščančjih kril
- Sol in sveže mlet poper
- Paličice korenčka in zelene

NAVODILA

a) Uporabite stranski gorilnik ali segrejte žar. Vse sestavine zmešajte v majhni ponvi in pustite vreti 2 minuti. Odstavimo z ognja, prelijemo v večjo posodo in ohladimo. Dodajte piščančja krila v slanico in marinirajte v hladilniku vsaj 2 uri.

b) Pecite na zmernem ognju 10 do 15 minut ali dokler niso pečeni

c) Postrezite s palčkami zelene in korenčka.

21. Vroče piščančje peruti na žaru

Dobitek: 24 vročih perutničk

SESTAVINE

- 12 piščančjih kril
- ½ skodelice moke
- ½ čajne žličke čilija v prahu
- ⅓ skodelice jedilnega olja
- ½ skodelice omake za žar
- ½ čajne žličke pekoče paprike

NAVODILA

a) Odstranite konice kril in jih prerežite na pol. Potresemo z mešanico moke in čilija v prahu in pražimo na vročem olju 8-10 minut na vsaki strani, dokler ne postanejo zlato rjavi. Odcedimo na papirnatih brisačah.

b) Segrejte omako za žar in omako s feferoni.

c) Dodamo kuhana piščančja peruti in dušimo nekaj minut.

22. **Piščančja krila z belim poprom**

Dobitek: 6 porcij

SESTAVINE

- 20 piščančjih kril; prerezati na spoju
- ¼ skodelice sveže mletega belega popra
- 2 žlici soli
- ½ skodelice sojine omake
- ¼ skodelice limetinega soka (približno 2 limeti)
- 2 žlici mletega ingverja
- 2 žlički mletega česna
- 2 žlici mlete sveže rdeče ali zelene paprike čilija po vaši izbiri
- 1 žlica sladkorja
- 2 žlici na kocke narezane sveže bazilike
- 2 žlici na kocke narezanega svežega cilantra

NAVODILA

a) krila potresemo s poprom in soljo. Pečemo na zmernem ognju, dokler dobro ne porjavijo, 5 do 7 minut, nekajkrat zavrtimo .

b) Največje peruto odstavimo z ognja in preverimo pripravljenost tako, da jo pojemo.

c) Vzemite krila iz žara in jih položite v večjo posodo.

d) Dodajte vse preostale sestavine dobro premešamo in postrežemo.

23. Bacon BBQ ptica

Dobitek: 4 porcije

SESTAVINE

- 18 ptic po vaši izbiri
- 1 lb sveže slanine
- ½ skodelice italijanskega solatnega preliva
- 1 žlica paprike
- 1 čajna žlička mletega žajblja
- ½ čajne žličke česna v prahu
- Sol in poper

NAVODILA

a) Ptice čez noč mariniramo v italijanskem solatnem prelivu. Posušite, začinite s papriko, mletim žajbljem, česnom v prahu, soljo in poprom po okusu. Vsako ptico ovijte s koščki slanine. Ptice položite na zmerno segret žar s slanino s šivi navzdol.

b) Pokrijte in pecite na žaru 15 minut. Obrnemo in pečemo na žaru še 15 minut. Ptico preizkusite z vilicami, če ni mehka, jo kuhajte še dodatnih 15 minut.

c) Pečen fižol, nadev, sveža zelenjava in kruh po izbiri bi bili odlična dopolnitev te jedi. Ko so vaše ptice končane, vrzite slanino v lonec pečenega fižola za odlično začimbo.

24. Cajun puran file na žaru

Dobitek: 5 porcij

SESTAVINE

- 1 paket svežih puranjih prsi brez kosti
- 1½ čajne žličke paprike
- ½ čajne žličke čebule v prahu
- 1/2 čajne žličke česna v prahu
- 1/4 čajne žličke kajenskega popra

NAVODILA

a) V majhni posodi zmešajte vse sestavine razen filejev puranjih prsi. Purana rahlo popršite s Pam.

b) Enakomerno premažemo z začimbno mešanico

c) sredino žara postavite ponev iz aluminijaste folije z vročim ogljem, napolnite z ½" vode.

d) Purana postavite na žar 4 do 6 palcev od oglja, neposredno nad posodo za odcejanje. Žar pokrijte s pokrovom. Pečemo na žaru 20 minut.

e) Obrnite in pokrijte. Pecite na žaru še 15 do 25 minut ali dokler puran v sredini ni več rožnat.

25. BBQ Cornish kokoši

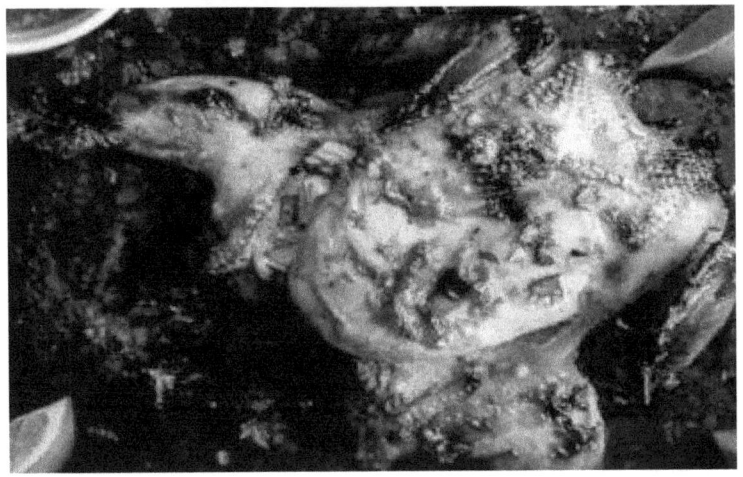

Dobitek: 4 porcije

SESTAVINE

- 2 kokoši divjadi Cornish (1 do 1 1/2 funta vsaka)
- 3 žlice olivnega olja
- ⅓ skodelice limoninega soka
- 1 žlica grobo mletega črnega popra
- ½ čajne žličke soli
- 1 vejica svežega rožmarina (neobvezno)
- 50 briketov oglja (približno 3 funte)

NAVODILA

a) Kokoši razrežite po dolžini, sperite in posušite. V manjši posodi zmešajte olivno olje, limonin sok, zdrobljen poper in sol. Kokošje polovice položite v plastično vrečko. Vrečko postavite v posodo. Kokoši prelijemo s slanico. Pokrijte in ohladite nekaj ur ali čez noč, kokoši občasno zamenjajte. Ko so briketi iz oglja zmerno segreti, jih razporedimo po odcejalniku na pokritem žaru.

b) Tik pred peko na žaru oglju dodamo vejico rožmarina. Kokoši vzamemo iz slanice in jih s kožo navzgor položimo na žar nad ponev. Pokrijte žar in kuhajte polpete kokoši 45 minut ali dokler niso pripravljeni, občasno polivajte s slanico.

26. **Piščanec na žaru s karijem**

Dobitek: 4 porcije

SESTAVINE

- 8 unč jogurta
- ¼ skodelice narezane sveže mete -ali-
- 1 žlica posušene mete
- ⅓ skodelice drobno narezane rdeče čebule
- 2 žlički mletega česna
- 1 čajna žlička limoninega soka
- 2 žlički curryja v prahu
- 4 Kip fileji (brez kosti; polovice piščančjih prsi brez kože)

NAVODILA

a) V majhni posodi zmešajte vse sestavine razen piščanca; dobro premešaj. Piščanca položite v plitvo stekleno posodo.

b) Prelijte ½ skodelice jogurtove mešanice čez piščanca; obrnite, da premažete obe strani. Pokrijte in marinirajte v hladilniku 3 ure ali čez noč.

c) Ločeno pokrijte in ohladite preostalo jogurtovo mešanico.

27. **Mandljev piščanec na žaru**

Dobitek: 4 porcije

SESTAVINE

- 1 jajce
- ¼ skodelice koruznega škroba
- 2 žlici sojine omake
- 1 velik strok česna; mleto
- 2 cele piščančje prsi brez kosti in kože; izrežite trakove velikosti 1" x 3".
- 2½ skodelice drobno narezanih mandljev ali orehov; rahlo popečen
- 2 žlici mletega posušenega ali svežega peteršilja
- 4 sveže kalifornijske slive; razpolovite in izkoščičite
- Svež pehtran; neobvezno
- Blanširani stroki kitajskega graha; neobvezno
- Narezana solata ledenka; neobvezno
- 1 slana slivova omaka

NAVODILA

a) Prve 4 sestavine zmešajte v plastični vrečki. Dodamo koščke piščanca in mariniramo 15 minut; odtok. Mandlje in peteršilj položite v plastično vrečko. Po nekaj koščkov piščanca položite v mešanico mandljev.

b) Pretresite, da se temeljito prekrije. Piščanca, polovice sliv in pehtran položite v košaro za žar ali na nabodala .

c) Pecite na žaru na zmernem indirektnem ognju 8 minut ali dokler ne porjavi in ni pečen. Glejte počasi, da se ne zažgete.

d) Po želji postrezite na krožniku, obloženem s solato in grahom. Slivovo omako prelijemo po piščancu.

28.   **Piščanec na žaru in zelenjava**

Dobitek: 1 porcija

SESTAVINE

- 2 piščančja prsa
- 4 rumene buče
- 1 rdeča paprika
- 1 zelena paprika
- ½ skodelice celih črnih oliv
- ½ skodelice olivnega olja
- 2 žlički posušenega timijana
- ½ skodelice suhega vermuta
- 4 stroki česna
- 1 limona; sok iz
- Sol in črni poper

NAVODILA

a) Segrejte žar ali žar.

b) V posodi za mešanje zmešajte oljčno olje, timijan, vermut, česen in limonin sok. V jed dodamo piščančje prsi, rumeno bučo, rdečo in zeleno papriko ter črne olive. **SESTAVINE** zmešajte skupaj.

c) Zmes iz pekača vlijemo v kovinski pekač. Začinite s soljo in črnim poprom

d) Postavite na vrh vročega žara ali pod žar za pečenje. Sestavine pogosto mešajte . Kuhajte, dokler ni piščanec pripravljen in zelenjava ni mehka.

29. Kokosov piščanec na žaru s karijem

Dobitek: 4 porcije

SESTAVINE

- 8 unč jogurta
- ¼ skodelice narezane sveže mete -ali-
- 1 žlica posušene mete
- ⅓ skodelice drobno narezane rdeče čebule
- 2 žlički mletega česna
- 1 čajna žlička limoninega soka
- 2 žlički curryja v prahu
- 4 Kip fileji

NAVODILA

a) Segrejte žar.

b) V majhni posodi zmešajte vse sestavine razen piščanca; dobro premešaj. Piščanca položite v plitvo stekleno posodo. Prelijte ½ skodelice jogurtove mešanice čez piščanca; obrnite, da premažete obe strani.

c) Pokrijte in marinirajte v hladilniku 3 ure ali čez noč. Ločeno pokrijte in ohladite preostalo jogurtovo mešanico.

d) Piščanca pecite na žaru 3-4 cm od vira toplote, 5-6 minut na vsako stran. Prihranjeno jogurtovo omako segrevajte na majhnem ognju, dokler se ne segreje; ne zavrite

30. **Piščanec na žaru s havansko omako**

Dobitek: 8 porcij

SESTAVINE

- 28 unč paradižnikov Plum; odcejene in
- ⅓ skodelice olivnega olja
- ¼ skodelice belega vina
- 1 žlica belega kisa
- 3 zelene čebule; narezan na kocke
- 4 skodelice česna; mleto
- ½ čajne žličke soli
- ½ čajne žličke popra
- 2 čajni žlički Cilantra; mleto
- 8 piščanec; prsi, koža re
- Mleta paprika

NAVODILA

a) Zmešajte vse sestavine za omako. Dobro premešamo, pokrijemo in pustimo čez noč v hladilniku. Segrejte zunanji žar in pustite, da se omaka> segreje na sobno temperaturo.

b) poškropite z limetinim sokom ter soljo in poprom, kot želite.

c) Postavite na žar in pecite približno 6 minut na stran ali do rjave barve.

d) Ves čas pečenja na žaru namažite piščanca z omako.

31. Pečen piščanec z limoninimi zelišči

SESTAVINE :

- Skupaj 12 kosov piščančjih stegen in krač s kostmi
- 1 čajna žlička posušenega timijana
- 1 pomaranča, narezana na tanke rezine
- 1 srednja čebula, narezana na tanke rezine
- 1 žlica posušenega rožmarina
- 1 limona, narezana na tanke rezine

ZA MARINADO:

- Sok 1 limone
- 3 žlice ekstra deviškega oljčnega olja
- 3 stroki česna, sesekljani
- 2 kapljici stevije
- Ščepec soli z nizko vsebnostjo natrija in sveže mletega popra
- 1 čajna žlička čebule v prahu
- 1 žlica italijanske začimbe
- Sok 1 pomaranče
- Ščetek kosmičev rdeče paprike

NAVODILA :
a) Zmešajte vse sestavine za marinado.

b) Piščanca položimo v pekač in ga prelijemo z marinado.

c) V pekač po vrhu piščanca razporedite rezine čebule, pomaranče in limone.

d) Po okusu začinite s timijanom, rožmarinom, soljo z nizko vsebnostjo natrija in poprom.

e) Pokrijte z aluminijasto folijo in pecite 30 minut.

f) Odstranite folijo, piščanca namažite in pecite še 30 minut.

32. piščanec Pintxo

Porcije 8

SESTAVINE

- 1,8 funtov piščančjih beder brez kože in kosti, narezanih na 1" kose
- 1 žlica španske dimljene paprike
- 1 čajna žlička posušenega origana
- 2 žlički mlete kumine
- 3/4 čajne žličke morske soli
- 3 stroki česna mleto
- 3 žlice mletega peteršilja
- 1/4 skodelice ekstra deviškega oljčnega olja
- Rdeča omaka Chimichurri

NAVODILA :

a) V veliki posodi za mešanje zmešajte vse sestavine in temeljito premešajte, da prekrijete kose piščanca. Pustite, da se čez noč marinira v hladilniku.

b) Bambusova nabodala za 30 minut namočite v vodo. Z uporabo nabodala nabodemo koščke piščanca.

c) Pecite na žaru 8-10 minut ali dokler niso popolnoma pečeni.

KOKOŠJA JUHA

33.   <u>Juha s piščancem in kvinojo</u>

OBROKI: 6

SESTAVINE :

- 1 čebula, sesekljana
- 4 skodelice piščančje juhe brez maščobe z nizko vsebnostjo natrija
- 1 lb piščančjih prsi brez kosti in kože, narezanih na kocke
- 1 skodelica vode
- 3 veliki stroki česna, sesekljani
- 1 korenček, narezan
- 1 čajna žlička popra
- 1 žlica sesekljanega, svežega timijana
- 1/2 skodelice nekuhane kvinoje
- 1 posušen lovorjev list
- 2 unči sladkornega graha, narezanega

NAVODILA

a) zmešajte piščanca, juho, čebulo, vodo, korenček, česen, timijan, lovorjev list in poper.
b) B zavremo.
c) Ogenj zmanjšamo na nizko in rahlo pokrito kuhamo 5 minut.
d) Dobro premešajte kvinojo.

e) B Pečemo 5 minut pri 350°F.

f) Temeljito premešajte grah.

g) Med občasnim mešanjem kuhajte 8 minut ali dokler ni kvinoja kuhana.

h) Pred serviranjem juhe odstranite lovorov list.

34. Sirna fižolova in piščančja juha

PORCIRA: 8-10

SKUPNI ČAS ZA PRIPRAVO: 20 MINUT

SKUPNI ČAS KUHANJA: 1 URA

SESTAVINE:

- 1-kilogramske piščančje prsi brez kože
- 1 skodelica svežih ali zamrznjenih koruznih zrn
- 1 srednje narezana čebula
- 3 žlice oljčnega olja (ekstra deviško)
- 2 stroka česna
- 2 pločevinki (po 15 unč) mornarskega fižola, odcejenega in opranega
- 4 unče lahko nasekljate zelene čilije
- 1 čajna žlička cayenne
- 2 žlici svežega cilantra, sesekljanega
- 2 žlički čilija v prahu
- 2 skodelici naribanega sira Monterey Jack
- 2 žlički mlete kumine

NAVODILA:

a) Piščanca pred kuhanjem začinite s soljo in poprom.

b) Segrejte olje in v ponvi na močnem ognju med občasnim mešanjem kuhajte kose piščanca do zlato rjave barve.

c) Odstavimo z ognja in dodamo čebulo in česen.

d) Med občasnim mešanjem kuhajte 5 minut ali dokler čebula ne postane prozorna.

e) V veliki posodi za mešanje zmešajte fižol, koruzo, papriko, začimbe in vodo.

f) Zavremo, nato zmanjšamo ogenj na nizko in pustimo vreti 1 uro brez pokrova.

g) Vsako porcijo potresemo z žlico sira in malo cilantra.

35. **Piščančja in zelenjavna juha**

OBROKI: 4

SESTAVINE:
- 2 žlici oljčnega olja (ekstra deviškega)
- 2 rdeči papriki, sesekljani
- ½ čajne žličke morske soli
- 1 čebula, narezana na kocke
- 1 čajna žlička črnega popra
- 1 žlica naribanega svežega ingverja
- 3 skodelice narezanega pečenega piščanca, odstranjene kože
- 8 skodelic nesoljene piščančje juhe

NAVODILA:
a) Segrevajte olivno olje, dokler ne zavre.
b) Dodajte čebulo, rdečo papriko in ingver.
c) Med občasnim mešanjem kuhajte približno 5 minut.
d) Zavremo s piščancem, piščančjo juho, soljo in poprom.
e) Kuhajte še dodatnih 5 minut na nizki temperaturi.

36. Fižol in Chorizo enolončnica

Obroki : 3

SESTAVINE :

- 1 korenček (na kocke)
- 3 žlice oljčnega olja
- 1 srednje velika čebula
- 1 rdeča paprika
- 400 g suhega fižola fabes
- 300 gramov klobase Chorizo
- 1 zelena paprika
- 1 skodelica peteršilja (sesekljan)
- 300 g paradižnika (narezanega na kocke)
- 2 skodelici piščančje juhe
- 300 gramov piščančjih beder (filejev)
- 6 strokov česna
- 1 srednje velik krompir (narezan na kocke)
- 2 žlici timijana
- 2 žlici soli po okusu
- 1 žlica popra

NAVODILA :

a) V ponev vlijemo rastlinsko olje. Stresi v čebulo. Pustite 2 minuti cvrtja na srednjem ognju.

b) V veliki skledi za mešanje zmešajte česen, korenček, papriko, chorizo in piščančja bedra. Pustite 10 minut za kuhanje.

c) Vmešajte timijan, piščančjo osnovo, fižol, krompir, paradižnik, peteršilj in po okusu začinite s soljo in poprom.

d) Kuhajte 30 minut oziroma dokler se fižol ne zmehča in enolončnica zgosti.

37. Piščančji pho

SESTAVINE

- 3 skodelice piščančje kostne juhe
- 3 skodelice vode
- 2-3 surova piščančja stegna
- 1 prežgana čebula (narezana na pol)
- 1 zoglenel ingver (približno 4 cm)
- 1 cimetovo lubje (približno 2-3 cm)
- 1 narezana korenina sladkega korena
- 1 kos kamenega sladkorja (približno 2 palca)
- 1 čajna žlička košer soli
- 1 žlica ribje omake

NAVODILA

a) Na pekač položite čebulo in ingver s kožo navzgor. Pražimo 10-15 minut, dokler se zunanja plast popolnoma ne zažge.

b) V srednje močnem loncu na srednje močnem ognju pražite korenino sladkega korena in cimetovo palčko, dokler ne zadišita (približno 2 minuti).

c) Dodajte zoglenelo čebulo in ingver v lonec skupaj z začimbami, surovimi piščančjimi bedri, nato prilijte juho, vodo, kameni sladkor, sol in ribjo omako.

d) Pustite vreti 10 minut in odstranite korenino sladkega korena in cimetovo skorjo. Nadaljujte z vretjem še 20 minut, da se razvije bogata, aromatična juha.

e) Piščanca odstranimo in narežemo na tanke trakove.

OCVRT PIŠČANEC

38. Piščanec v pivskem testu

SESTAVINE
- 1 ½ funta polpet piščančjih prsi brez kosti in kože
- 1 ½ skodelice večnamenske moke
- 1 čajna žlička pecilnega praška
- 2 jajci, pretepeni
- ½ skodelice piva
- 1 čajna žlička soli
- ½ čajne žličke kajenskega popra
- 1 žlica poletnega šetraja
- olje za cvrtje

NAVODILA
a) Piščanca oplaknite in ga narežite na 1" trakove. V srednji skledi zmešajte 1 skodelico moke in pecilni prašek. Zmešajte stepena jajca in pivo ter odstavite. Preostale ½ skodelice moke dajte v majhno skledo ali rjavo papirnato vrečko, dodajte sol, kajenski poper in slanico ter pretresite, da se dobro premeša.
b) V nizozemski pečici ali cvrtniku segrejte olje na 375 °F.
c) Piščančje trakove položite v vrečko in dobro pretresite, da se enakomerno prekrijejo. Pomokane trakove pomočimo v testo. V nizozemski pečici ali cvrtniku jih po nekajkrat pražite v vročem olju in jih enkrat obrnite, dokler premaz ni zlato rjav na obeh straneh, približno 4 do 5 minut.
d) Odstranite trakove iz vročega olja s kleščami ali žlico z režami in jih do serviranja hranite na toplem na krožniku v pečici, nastavljeni na najnižjo stopnjo.
e) Služi za 4-6

39. Cajun globoko ocvrt puran

SESTAVINE

- 1 skodelica italijanskega preliva
- ¼ skodelice pekoče omake Louisiana
- 2 žlici tekočega dima
- ¼ skodelice česna v prahu
- 2 žlici začinjene soli
- 1 odmrznjen 10- do 12-kilogramski puran
- 1 skodelica začimbe Cajun ali najljubše mešanice za namakanje
- olje za globoko cvrtje

NAVODILA

a) Zmešajte sestavine za marinado in dodajte toliko vode, da dobite 1 liter marinade.
b) Puranu odstranite drobovino, nato ga operite in osušite, zlasti notranjost votline. Z brizgo za hrano vbrizgajte 8 unč marinade v vsako prso ter vsako stegno in nogo. Notranjost votline in celotno zunanjost ptice natrite z začimbo Cajun ali mešanico za drgnjenje. Purana mariniramo v hladilniku vsaj 24 ur, če lahko, mariniramo 2–3 dni.
c) Ko ste pripravljeni na kuhanje, segrejte olje v cvrtniku na 360 °F in s termometrom za cvrtje preverite temperaturo.
d) Postavite ptico na košaro ali držalo za purane. Ugasnite PLAMEN PLIN. Počasi spustite košaro v olje, jo ustavite, obrnite in rahlo dvignite, da preprečite škropljenje, dokler ptica ni potopljena. ZNOVA PRIŽGITE PLIN IN ZNOVA PRIŽGITE.
e) Kuhajte 3–4 minute na funt (30–40 minut) ali dokler temperatura v stegnu ne doseže 160 °F in prsi 180 °F.
f) Ko končate, IZKLOPITE PLIN.

g) Nato purana počasi dvignemo iz lonca in ga na papirnatih brisačah, pokritih s folijo, odcedimo približno 20 minut.
h) Purana narežite in uživajte.

40. Piščanec v odeji

SESTAVINE
- Piščanec zavit v pergament
- 4 pokrovače, samo zeleni vrhovi
- 2 veliki piščančji prsi
- 4 žličke mletega ingverja
- 2 žlički riževega vina
- 2 žlički sojine omake
- 1 čajna žlička soli
- ¼ čajne žličke belega popra
- 1 čajna žlička sladkorja
- 2 žlički olja
- 1 skodelica teriyaki ali hoisin omake za namakanje
- 24 kvadratov pergamentnega papirja
- olje za globoko cvrtje

NAVODILA
a) Po dolžini narežite kapesato in jo nato narežite na 1 ½" dolžine, nato pa piščančje prsi narežite na trakove ½" široke in 1 ½" dolge.
b) Svež, mlet ingver dajte v stiskalnik česna in iz njega iztisnite 1 čajno žličko ingverjevega soka. V srednje veliki skledi zmešajte ingverjev sok z vinom, mlado čebulo, sojino omako, soljo, poprom in sladkorjem, da naredite marinado za piščančje trakove. Piščanca naj se marinira na sobni temperaturi v pokriti posodi vsaj 30 minut.
c) Postavite kvadrat pergamenta pred seboj, z enim vogalom proti sebi. Na sredino papirja vtrite malo olja in na papir vodoravno položite za 1 žlico velik kos piščanca in nekaj kapesanto, precej pod sredino poševnega kvadrata.
d) Spodnji vogal zapognemo navzgor, da pokrijemo meso, nato levi vogal prepognemo v desno in desni kot v levo, da dobimo

majhno ovojnico. Zgornji vogal zložite navzdol in ga varno zataknite. Ponovite z uporabo vseh kvadratov pergamentnega papirja, s preostalim piščancem in česmi.

e) V cvrtniku segrejte olje na 375°F.
f) V vročem olju cvremo po 2 ali 3 ovojnice hkrati na vsaki strani 1 minuto. Odstranite jih z žlico z režami ali lopatko in jih odcedite na papirnatih brisačah.
g) Postrezite jih z omako teriyaki ali hoisin ob strani za namakanje. Vsaka oseba dobi dve do tri ovojnice na svoj krožnik in vsi odprejo svoje ovojnice, ko se obrok začne.

41. V pinjencu ocvrt piščanec

SESTAVINE
- 2 skodelici pinjenca
- 1 ½ čajne žličke soli
- ½ čajne žličke sveže mletega črnega popra
- 3 funte cvrtih piščančjih kosov
- 1 skodelica večnamenske moke
- olje za globoko cvrtje

NAVODILA
a) Pinjenec zmešajte s polovico soli in popra. Piščanca dajte v plastično vrečko Ziploc in z mešanico prelijte kose piščanca, vse kose obrnite, da se dobro prekrijejo, in jih čez noč ohladite.
b) V nizozemski pečici ali cvrtniku segrejte olje na 365 °F.
c) V srednji skledi zmešajte moko ter drugo polovico soli in popra. Odcedite marinado iz kosov piščanca in s pomočjo papirnate vrečke ali plitke posode potresite kose piščanca z mešanico moke, otresite odvečno količino in kose položite v eno plast na list povoščenega papirja.
d) V vroče olje previdno dodamo koščke piščanca in pokrito kuhamo 5 do 7 minut. Odstranite pokrov, obrnite piščanca in kose kuhajte še 5 do 7 minut. Odstranite pokrov in jih kuhajte še 8 do 10 minut, dokler kožica ni hrustljava.
e) Kose piščanca odstranite s kleščami in jih odcedite na papirnatih brisačah. Takoj postrežemo na ogretem krožniku.
f) Služi za 4-6

42. **Brazilski piščančji kroketi**

SESTAVINE

- 3 piščančje prsi, olupljene in brez kosti
- ½ srednje sesekljane čebule
- 2 stroka česna, drobno sesekljana
- 2 kocki piščančje juhe
- 6 žlic masla
- 1 ½ čajne žličke soli
- ½ čajne žličke limoninega popra
- 4 skodelice vode
- 1 majhna zelena čebula, sesekljana
- ¼ skodelice sesekljanega svežega peteršilja
- 3 skodelice večnamenske moke
- 1 paket kremnega sira po 8 unč
- 2 beljaka
- krušne drobtine

NAVODILA

a) V veliki skledi, primerni za uporabo v mikrovalovni pečici, v mikrovalovni pečici na visoki temperaturi skuhajte piščančje prsi, čebulo, česen, piščančjo juho, maslo, sol, poper in vodo.

b) Odstranite piščančje prsi in jih drobno sesekljajte. Za barvo dodajte peteršilj in zeleno čebulo.

c) V srednji ponvi kuhajte 3 skodelice preostale juhe 10 minut. Dodajte moko in močno mešajte približno 1 minuto, dokler ne nastane vlažno testo. Vzemite testo iz pekača in ga ohladite na toplo temperaturo. Gnetite, dokler ne postane gladko in ne izginejo vse grudice moke, približno 10 minut.

d) Cvrtnik segrejte na 350°f.

e) Testo sploščite na ¼" debeline z valjarjem in izrežite 2 ½"–3 ½" kroge velikosti z rezalnikom za piškote ali kozarcem za pitje. Testo položite na dlan, dodajte 1 čajno žličko polnega kremnega sira in 1 čajno žličko piščančjega nadeva.

f) Količino sestavin spreminjajte glede na velikost testenega kroga, ki ga izrežete, da lahko testo zaprete tako, da nadev ostane notri. Vse neuporabljene ostanke testa pregnetite in jih znova razvaljajte, tako da izrežete več krogov, dokler ne porabite vsega testa.

g) Testo prepognemo in zapremo v obliki palčke.

h) Nadevano testo izdatno namažite z beljakom in ga povaljajte po krušnih drobtinah, dokler ni premazano.

i) Cvremo približno 8 minut ali do zlato rjave barve. Odstranite iz vročega olja z žlico z režami ali lopatico. Odcedite na papirnatih brisačah in vroče postrezite.

43. <u>**Globoko ocvrte kokoši Cornish z limono**</u>

SESTAVINE
- 2 1 ½ funta Cornish divjadi
- ¼ skodelice svežih listov rožmarina
- 2 žlici limoninega popra
- 2 žlici zrnc posušene limonine lupinice
- 1 čajna žlička česna v prahu
- 2 žlički soli
- olje za globoko cvrtje
- limonine rezine za serviranje

NAVODILA
a) Kokoši divjadi sperite, očistite in obrišite do suhega ter jih znotraj in zunaj popivnajte s papirnato brisačo.
b) V majhni skledi zmešajte rožmarin, limonin poper, zrnca limonine lupinice, česen in sol. Polovico zmesi rezerviramo in odstavimo. Drugo polovico vtrite v kokoši in jih potresite tudi v notranjost. Pokrite pustimo stati na sobni temperaturi 1 uro.
c) Segrejte olje v cvrtniku ali nizozemski pečici na 375 °F. Cornish kokoši previdno dajte v vroče olje in cvrete do zlato rjave barve, približno 12 minut.
d) Pečenost preverite tako, da z žlico z režami ali kleščami previdno odstranite kokoš iz lonca in vstavite termometer s takojšnjim odčitavanjem v najdebelejši del stegna, ne da bi se dotaknili kosti – kazati mora 180 °F.
e) Kokoši prestavite na rešetko in jih pokrite pustite počivati 5 minut. Postrezite jih cele ali pa jih s sekačem po dolžini razpolovite. Vsako kokoš potresemo s prihranjeno mešanico začimb/zelišč in postrežemo.

44. <u>Česnove piščančje žogice za golf</u>

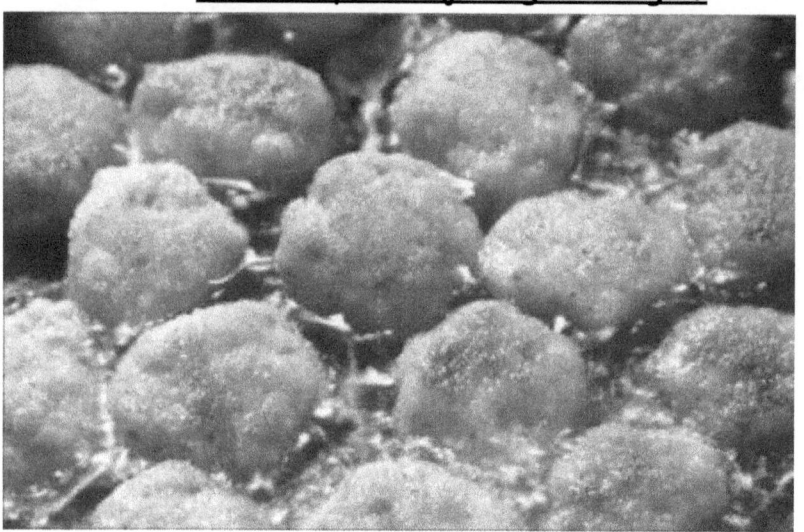

SESTAVINE
- 2 funta mletega piščanca (ali svinjine)
- ½ čajne žličke citrusnega popra
- ½ čajne žličke soli
- ½ čajne žličke začimb za perutnino
- 2 žlici koruznega škroba
- 2 žlici sojine omake
- 3 BELJAKI:
- ½ čajne žličke sveže naribanega ingverja
- 2 žlici vina Marsala (ali uporabite najljubši šeri)
- 4 stroki česna, zdrobljeni

TESTO:
- 1 skodelica koruznega škroba
- 1 skodelica moke
- olje za globoko cvrtje

NAVODILA
a) V nizozemski pečici ali loncu za cvrtje segrejte olje na 375 °F.
b) V veliki skledi temeljito premešajte piščanca s poprom, soljo, začimbami za perutnino in beljakom. Pustite mešanico počivati 10 minut, pokrito s plastiko. Z rokami oblikujte piščančjo mešanico v kroglice v velikosti žogice za golf in jih položite na povoščen papir ali aluminijasto folijo.
c) Zmešajte koruzni škrob z moko in vsako kroglico povaljajte v tej mešanici, da se enakomerno prekrije.
d) Kroglice potisnite v olje in kuhajte, dokler ne priplavajo in postanejo zlato rjave barve, približno 5 minut. Odstranite z žlico z režami in odcedite na papirnatih brisačah. Postrežemo toplo.

45. <u>Zlate kepe</u>

SESTAVINE
- ½ skodelice moke
- 1 ½ čajne žličke česnove soli
- 1 čajna žlička paprike
- 1 čajna žlička žajblja
- 1 čajna žlička čebule v prahu
- ½ čajne žličke belega popra
- ½ čajne žličke začimb za perutnino
- ½ skodelice vode
- 1 jajce, rahlo stepeno
- 3 cele piščančje prsi brez kosti, olupljene in narezane na 1 ½" krat 1 ½" nuggets
- olje za globoko cvrtje
- 1 šopek svežega peteršilja za okras
- nariban parmezan za okras
- paprika za okras

NAVODILA
a) V cvrtniku segrejte olje na 375 °F.
b) V srednje veliki stekleni skledi zmešajte moko in začimbe, dodajte vodo in jajce ter dobro premešajte, da dobite gladko testo.
c) Kose piščanca potopite v testo in pustite, da morebitni odvečni del odteče. Po 3 do 4 kose naenkrat stresite v vroče olje in cvrete, dokler ne postane hrustljavo – približno 2 do 4 minute. Nuggets dobro odcedimo na papirnatih brisačah, nato pa piščanca prestavimo na topel krožnik, okrašen s svežim peteršiljem.
d) Potresemo z naribanim parmezanom in papriko ter postrežemo.

46. **Hrustljava kremna prepelica**

SESTAVINE

- 8-12 mladih prepelic vzrejenih na farmi
- 2 skodelici grobo sesekljane sladke čebule
- 2 skodelici smetane
- 1 čajna žlička pekoče omake Louisiana
- 4 skodelice večnamenske moke
- 2 žlici čebulne soli
- 1 čajna žlička kajenskega popra
- 1 žlica rjavega sladkorja
- 2 žlički grobo mletega črnega popra
- olje za globoko cvrtje

NAVODILA

a) Prepelice temeljito operemo pod hladno tekočo vodo in pri tem odstranimo vso maščobo, ki je morda nismo odstranili med predelavo. Nato jih položite v 1- ali 2-litrsko vrečko Ziploc, ki jo je mogoče zapreti. Prepelice povsod prebodite z ostrimi vilicami ali majhnim nožem, da lahko marinada vdre v notranjost in začini meso.

b) Na tem mestu po pticah potresemo sesekljano čebulo in jih takoj dobro premešamo, da se prepelice navzamejo okusa čebule. Zaprite vrečko in jih pustite stati pri sobni temperaturi pol ure, pri čemer vrečko pogosto obračate.

c) V majhni skledi zmešajte smetano in vročo omako ter jo prelijte v vrečko čez prepelice in čebulo, da nastane marinada. Ptičke pustimo marinirati čez noč ali vsaj 4 ure.

d) Tik preden jih boste pripravljeni speči, segrejte olje na 350 °F v cvrtniku ali globoki nizozemski pečici.

e) V velik pekač stresite moko in dodajte sol, kajenski sladkor, sladkor in črni poper. Temeljito premešajte.

f) Vsako prepelico vzamemo iz marinade, nato pa jo obilno potresemo z mešanico za premaz, otresemo odvečno moko in previdno s kleščami potisnemo v vroče olje.
g) Prepelice pražimo približno 10-12 minut. Zunanjost mora biti zlato rjava in hrustljava, notranjost pa svetla, vlažna in nežno mehka zaradi marinade smetane in čebule. Zavrzite marinado in čebulo.
h) Postrezite takoj.

47. Piščančji trakovi z limono

SESTAVINE
- 2 funta piščančjih prsi brez kosti

TESTO:
- ½ skodelice moke
- ½ skodelice koruznega škroba
- ¼ čajne žličke česnove soli
- ½ čajne žličke dvojno delujočega pecilnega praška
- ½ čajne žličke rastlinskega olja

OMAKA:
- 2 veliki limoni
- 3 žlice rjavega sladkorja
- ½ skodelice belega vina
- 1 čajna žlička koruznega škroba
- 2 žlički vode
- vejice peteršilja za okras
- olje za globoko cvrtje

NAVODILA
a) V nizozemski pečici ali loncu za cvrtje segrejte olje na 350 °F.
b) Piščančje prsi brez kosti narežite na približno 3" dolge in ½" široke trakove. Položite jih v plitvo skledo in pokrijte s plastično folijo ter postavite na stran.
c) V srednji skledi z veliko žlico zmešajte moko, koruzni škrob, pecilni prašek, sol in olje ter premešajte, dokler ni gladka.
d) Eno limono narežite na ¼" rezine in pustite na stran. Iz druge limone iztisnite sok v manjšo skledo, dodajte sladkor in belo vino ter dobro premešajte. Dati na stran.
e) V majhni skodelici zmešajte koruzni škrob in 2 čajni žlički vode. Mešajte, da se popolnoma premeša. Dati na stran.

f) Vsak kos piščanca potopite v testo in pustite, da presežek odteče nazaj v skledo.
g) Piščanca globoko ocvrite v majhnih serijah po 10-12 kosov. Piščančji trakovi morajo lepo porjaveti v 4-5 minutah. Pazite, da se ne zlepijo.
h) Končane trakove poberemo iz olja z žlico z režami in jih odcedimo na papirnatih brisačah.
i) Limonino omako skuhamo tako, da mešanico limone, sladkorja in vina zlijemo v majhno ponev in na močnem ognju zavremo tekočino. Dodajte mešanico koruznega škroba in vode in mešajte, dokler se zmes ne zgosti.
j) Odcejene kose piščanca položimo na pisan krožnik, za okras dodamo rezine limone in potresemo s peteršiljem. Zraven postrezite limonino omako.

48. Perth globoko ocvrta krila

SESTAVINE

- 16 piščančjih kril
- 8 žlic sojine omake
- 7 žlic ostrigine omake
- 8 žlic sladkega šerija
- 3 žlice limetinega soka
- sol in poper po okusu
- 1 skodelica večnamenske moke
- 1 skodelica koruzne moke
- olje za globoko cvrtje

NAVODILA

a) Cvrtnik segrejte na 375 °F.
b) Piščančje peruti položite v neporozno stekleno posodo, plastično vrečko Ziploc ali skledo iz nerjavečega jekla. Z nožem naredite luknje v perutih, da bo marinada prodrla v meso.
c) V majhni posodi zmešajte sojino omako, ostrigino omako, šeri, limetin sok, sol in poper ter z mešanico prelijte piščanca. Posodo pokrijte ali vrečko zaprite in jo postavite v hladilnik za 12 do 24 ur.
d) Odstranite piščanca iz marinade in odstranite preostalo marinado. V plitvi posodi ali skledi zmešajte moko in v to mešanico stresite krila, dokler niso dobro prekrita z vseh strani.
e) V cvrtniku segrejemo olje. Perutnice kuhajte, dokler niso hrustljavo rjave, kuhane in iz njih izcedijo sokovi, približno 4-5 minut.
f) Odcedimo na papirnatih brisačah in postrežemo.

49.   <u>Začinjeni ocvrti gobbler trakovi</u>

SESTAVINE
- 3- do 4-kilogramske puranje prsi

MARINADA:
- 1 žlica čilijeve omake
- 1 čajna žlička čilija v prahu
- 2 žlički riževega vina
- 2 žlički sojine omake
- 1 čajna žlička ingverja v prahu
- 1 žlica drobno sesekljane zelene čebule
- 1 čajna žlička rjavega sladkorja

OBLOGA IZ MOKE:
- ⅔ skodelice moke
- 1 čajna žlička paprike
- 1 žlica začimb za perutnino

NAVODILA
a) V nizozemski pečici ali loncu za cvrtje segrejte olje za cvrtje na 350 °F.
b) Na deski za rezanje z ostrim nožem narežite puranje prsi na trakove, dolge 3" in široke 1".
c) V veliki skledi zmešajte čili omako, čili v prahu, riževo vino, sojino omako, ingver, zeleno čebulo in rjavi sladkor ter mešanico prelijte čez puranje trakove. Dobro premešajte, da zagotovite, da je vsak trak pokrit.
d) Trakove mariniramo 1 uro pri sobni temperaturi. Medtem ko se puran marinira, zmešajte moko, papriko in začimbe za perutnino v široki, ravni skledi ali ponvi in odstavite.
e) Odstranite trakove iz marinade in jih dobro odcedite nad skledo. Preostalo marinado segrevajte v majhni ponvi na močnem ognju, dokler ne vre 12 minut. Odstranite ponev z

ognja, ohladite marinado in jo prelijte v omako za serviranje k mizi.
f) Puranje trakove rahlo povaljajte v mešanici moke. S kleščami ali lopatico z režami potisnite puranje trakove v vroče olje in jih cvrete približno 8 minut, dokler ne porjavijo z vseh strani.
g) Odstranite trakove in jih odcedite na papirnatih brisačah. Takoj postrežemo na segretem krožniku z marinado ob strani.

50. **Začinjen puranov mešani praženec**

SESTAVINE :

- 1 čajna žlička garam masala
- 2 papriki, narezani na tanke rezine
- 2 lbs. puranje prsi brez kosti in kože, narezane na 1-palčne rezine
- 2 žlici kokosovega olja
- Ščepec soli z nizko vsebnostjo natrija
- 2 žlički sveže mletega popra
- 1 čajna žlička kuminovih semen

ZA MARINADO:

- 1/2 skodelice kokosove smetane
- 1 čajna žlička mletega ingverja
- 1 strok česna, mlet
- 1/4 čajne žličke kurkume
- 1 čajna žlička soli z nizko vsebnostjo natrija

NAVODILA :

a) Združite vse sestavine za marinado.

b) Dodajte piščanca in ga marinirajte vsaj 1 uro.

c) V voku ali veliki ponvi stopite kokosovo olje na srednje močnem ognju, nato dodajte semena kumine in kuhajte 3 minute.

d) Po dodajanju mariniranega piščanca/purana kuhajte 5 minut. Dokler piščanec/puran ne porjavi, mešajte papriko, garam masalo in sveže mlet poper.

e) Po okusu dodajte ščepec soli z nizko vsebnostjo natrija.

f) Kuhajte 5 minut in redno mešajte.

51.   Turčija Squash Scramble

SESTAVINE :

- 2 papriki
- 1 čajna žlička kumine
- 1 čajna žlička čilija v prahu
- 1 funt mletega purana
- 1 čajna žlička česna v prahu
- 1 čajna žlička soli z nizko vsebnostjo natrija
- 1 žlica svežega cilantra
- 2 bučki
- 2 čebuli
- 1 pest špinače

NAVODILA :

a) Purana prepražimo v veliki ponvi.

b) Zmešajte na tanke rezine narezano čebulo, papriko in bučo/bučke, dokler se ne zmehčajo.

c) Svežo špinačo dodamo v ponev s puranom.

d) Kuhajte, dokler špinača ne oveni, začinite s soljo in poprom.

e) Odstranite iz ponve in prelijte s poljubnimi prelivi.

52. Air Fryer Almond Chicken

Naredi 2 porciji

SESTAVINE:

- 1 veliko jajce
- 1/4 skodelice pinjenca
- 1 čajna žlička česnove soli
- 1/2 čajne žličke popra
- 1 skodelica narezanih mandljev, drobno sesekljanih
- 2 polovici piščančjih prsi brez kosti in kože (6 unč vsak)
- Ranch solatni preliv, omaka za žar ali medena gorčica

NAVODILA:

a) Predgrejte cvrtnik na 350°. V plitvi skledi stepemo jajca, pinjenec, česen, sol in poper. V drugo plitvo skledo dajte mandlje. Piščanca potopite v jajčno mešanico, nato v mandlje in potolkajte, da se premaz sprime.

b) Piščanca položite v eno plast na pomaščen pladenj v košaro cvrtnika; poškropite s pršilom za kuhanje.

c) Kuhajte, dokler termometer, vstavljen v piščanca, ne pokaže vsaj 165°, 1518 minut. Po želji postrežemo z ranč prelivom, omako za žar ali gorčico.

53. Cvrtnik Caprese polnjen piščanec

Skupni čas: 35 minut

Dobitek: 23 obrokov

SESTAVINE:

- 2 veliki piščančji prsi brez kosti in kože
- 1 roma paradižnik, narezan na rezine
- 1/4 funta sveže mocarele, narezane na rezine
- 6 listov sveže bazilike
- 1 žlica italijanske začimbe
- 1 čajna žlička soli
- 1/2 čajne žličke popra
- 1 čajna žlička ekstra deviškega oljčnega olja
- 1 čajna žlička balzamičnega kisa
- Ščepec soli in popra

NAVODILA:

a) Pripravite polnjenega piščanca Caprese : Na debelo stran vsake piščančje prsi zarežite širok žep, zarežite skoraj do druge strani, vendar ne do konca. Odprite piščanca metulja. Piščanca enakomerno pokapamo z oljem ter začinimo s soljo in poprom.

b) Na desno polovico vsake piščančje prsi položite rezine mocarele, rezine paradižnika in svežo baziliko.

c) Levo stran metuljčka piščanca previdno prepognemo čez desno in jo zalepimo s 24 zobotrebci.

d) Vrh vsake prsi začinite z italijanskimi začimbami ter ščepcem soli in popra.

e) Na vrh vsake začinjene piščančje prsi popršite pršilo za kuhanje

f) Predgrejte cvrtnik na 350 stopinj F.

g) Košaro obložite s podlogo za cvrtnik ali folijo. Dodamo pripravljene nadevane piščančje prsi.

h) Kuhajte 350 stopinj 2530 minut ali dokler notranja temperatura piščanca ne doseže 165 stopinj F.

i) Pred serviranjem (če uporabljate) pokapajte z balzamičnim kisom.

54. Chimichangas s piščancem v zračnem cvrtniku

SKUPNI ČAS : 17 minut

SESTAVINE

- 2 funta piščančjih beder brez kosti in kože, kuhana in narezana
- 1 žlica začimb za taco (glejte kuharjeve opombe)
- 1 (8 unč) paket kremnega sira, zmehčanega
- 2 skodelici naribanega mehiškega mešanega sira
- 6 tortilj
- 1 žlica oljčnega olja ali oljčnega olja v spreju

NAVODILA:

a) Predgrejte cvrtnik na 360 stopinj.

b) Piščančja bedra narežemo.

c) Zmešajte piščanca, kremni sir, nariban sir in začimbe (po potrebi).

d) Zajemajte približno ½ skodelice piščančje mešanice na sredino vsake tortilje iz moke. Pritisni.

e) Tortiljo zložite čez nadev tako, da najprej zapognete stranice in nato chimichango zvijete kot burrito.

f) Vsako chimichango namažite z oljčnim oljem z vseh strani ali enakomerno poškropite z oljčnim oljem. Postavite v košaro cvrtnika s stranjo s šivi navzdol.

g) Kuhajte v cvrtniku približno 4 minute, preden jih obrnete in kuhate še 4 do 8 minut.

h) Postrezite z avokadom, dodatnim sirom, kislo smetano, salso ali vašimi najljubšimi prelivi.

55. Piščančja krila Blackberry Chipotle

NAREDI: 20
SKUPNI ČAS : 20 minut

SESTAVINE

- 3 lbs. Piščančja krila , razrezana
- 1/2 skodelice Blackberry Chipotle Jam
- 1/2 skodelice vode
- Sol in poper po okusu

NAVODILA

a) Pečico segrejte na 400 stopinj Fahrenheita.

b) V posodi za mešanje zmešajte marmelado Blackberry Chipotle in vodo.

c) V plastični vrečki zmešajte 2/3 marinade s piščančjimi peruti, soljo in poprom. Marinirajte 10 minut ali dlje.

d) Piščančja peruti vzemite ven in jih razporedite po rešetki na pekač za piškote.

e) Pecite pri 400 °F 10 minut, nato obrnite in prelijte vsako krilo s preostalo marinado .

f) Zvišajte temperaturo na 425 ° F in pecite še 5 minut ali dokler ne postane hrustljavo.

PIŠČANČJE SOLATE

56. <u>Piščančja solata v skodelicah zelene solate</u>

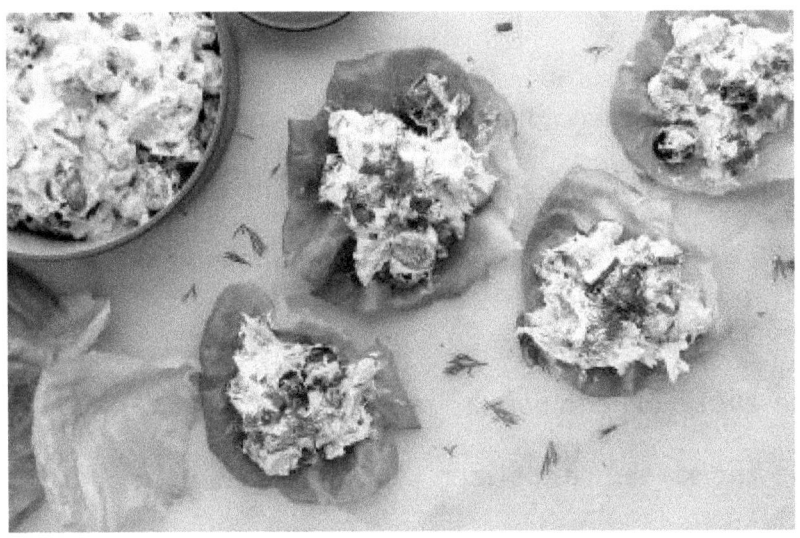

PORCIRA: 6 SERCIJ

SESTAVINE :

- 1/4 skodelice navadnega, nemastnega grškega jogurta
- 1/4 skodelice orehov, praženih in sesekljanih
- 2 piščančji prsi brez kosti in kože, kuhani in narezani
- Sok 1 limone
- 1/8 čajne žličke črnega popra
- 1/4 čajne žličke, sol, razdeljena
- 2 žlici jabolčnega kisa
- 2 žlici olivnega olja
- 1/4 skodelice rozin
- 1 jabolko, narezano na kocke
- 1 skodelica rdečega grozdja brez pečk, narezanega na kocke
- 12 listov solate Bibb

NAVODILA :

a) V veliki posodi za mešanje zmešajte jogurt, oljčno olje, kis, limonin sok, poper in sol.

b) Preliv prelijemo z naribanim piščancem, praženimi orehi, jabolkom, grozdjem, zeleno in rozinami.

c) Skodelice zelene solate do polovice napolnimo s piščančjo solato in postrežemo.

57. Puranji polnjeni čolni

POROCI: 4 SERCIJI

SESTAVINE :

- 1 žlica olivnega olja
- 2 žlici sesekljanega peteršilja
- 4 bučke
- 14-unčna pločevinka narezanega paradižnika
- 8 unč 93 % pustega mletega purana
- 4 skodelice špinače, sesekljane
- 1 čebula, narezana na kocke
- 2 stroka česna, nasekljana
- 1/4 skodelice panko drobtin
- 1/4 čajne žličke kosmičev rdeče paprike
- 1/4 skodelice naribanega parmezana

NAVODILA :

a) Bučko po dolgem prerežemo na pol in z žlico postrgamo semena in meso.

b) V pekač razporedimo polovice bučk.

c) V srednje veliki ponvi segrejemo olje. Čebulo med občasnim mešanjem pražimo 4 minute.

d) Dodajte mleto puranje, meso bučke in česen .

e) Med občasnim mešanjem kuhamo, dokler se omaka nekoliko ne zgosti.

f) Dodamo špinačo in kuhamo še 2 minuti oziroma dokler špinača ne oveni.

g) V majhni skledi zmešajte drobtine, parmezan in peteršilj.

h) Mešanico purana in zelenjave enakomerno porazdelite med polovice bučk.

i) Na vrh potresemo mešanico krušnih drobtin .

j) Pečemo 20 minut oziroma dokler na vrhu niso zlato rjave barve.

58. Skodelice solate Taco

PORCIRA: 6 SERCIJ

SESTAVINE :

- 8 unč gob, narezanih na kocke
- 8 unč 93 % pustega mletega purana
- 1 žlica olivnega olja
- 1/4 čajne žličke cayenne
- 1 čebula, narezana na kocke
- 1 žlica kumine
- 2 žlički koruznega škroba
- 2 stroka česna, nasekljana
- 2 žlici mletega čilija
- 1/2 čajne žličke soli
- 1 1/2 čajne žličke paprike
- 12 listov zelene solate
- 2/3 skodelice vode

NAVODILA :

a) V veliki ponvi segrejte olje na zmernem ognju.

b) Čebulo kuhamo 3 minute .

c) Dodajte purana in kuhajte približno 5 minut ali dokler zmleti puran ni več rožnat.

d) Dodamo na kocke narezane gobe in dušimo še 3 minute .

e) V majhni skledi zmešajte čili v prahu, kumino, koruzni škrob, papriko, sol in kajenski poper.

f) Ko se gobe zmehčajo, v ponev dodajte začimbno mešanico in vodo ter zavrite. še 2 minuti .

59. Skodelice kitajske piščančje solate

PORCIRA: 6 SERCIJ

SESTAVINE :

- 4 kapesota, narezana na rezine, beljaki in zelena
- 1 žlica rastlinskega olja
- 1-palčni svež ingver, olupljen in zmlet
- 1 funt mletih piščančjih prsi (99% pusto)
- 1 žlica sojine omake z nizko vsebnostjo natrija
- 1 žlica arašidovega masla
- 1 žlica riževega kisa
- 3 stroki česna, sesekljani
- 1 žlica sezamovega olja
- 1/8 čajne žličke kajenskega popra
- 1 žlica vode
- 2 korenčka, naribana
- 1 čajna žlička medu
- 12 listov bostonske solate, opranih
- 1/4 skodelice nesoljenih arašidov, sesekljanih

NAVODILA :

a) V veliki ponvi proti prijemanju segrejte olje .

b) Zmešajte piščanca in beli del čebule.

c) Dodamo česen in ingver.

d) V veliki skledi za mešanje zmešajte sojino omako, rižev kis, sezamovo olje, arašidovo maslo, vodo, med in kajenski poper.

e) Pecite v mikrovalovni pečici pri visoki temperaturi 30 sekund, dokler ne postane gladka, nato premešajte.

f) Po dodajanju naribanega korenja kuhajte še 1 minuto.

PEČEN PIŠČANEC

60. Piščanec pesto s sončničnimi semeni

POROCI: 4 SERCIJI

SESTAVINE :

PESTO

- 1 strok česna, sesekljan
- 2 žlici surovih, oluščenih sončničnih semen
- 1 skodelica listov bazilike
- 1/4 skodelice olivnega olja
- 1/8 čajne žličke črnega popra
- 2 žlici naribanega parmezana
- 1/8 čajne žličke soli

PIŠČANEC IN OKRASI

- 1/4 skodelice naribanega delno posnetega sira mozzarella, razdeljeno
- 2 piščančji prsi brez kosti in kože, narezani po dolžini
- 2 paradižnika, narezana na rezine

NAVODILA :

a) Piščanca položite na obrobljen pekač, ki ste ga namastili z oljem.

b) V kuhinjskem robotu dodam vse sestavine za pesto in obdelajte do gladkega. V kuhinjskem robotu zmešajte baziliko, sončnična semena, parmezan, česen, sol in poper. Za združitev nekajkrat utripajte. Med delovanjem stroja pokapajte olje, dokler omaka ni gladka.

c) Vsak kos piščanca potresemo z 2 žlicama pesta, 2 rezinama paradižnika in mocarelo.

d) Pečemo 15 minut ali dokler niso popolnoma pečeni.

61. Obilni cvetačni riž s piščancem

POROCI: 4 SERCIJI

SESTAVINE :

- 3/4 skodelice pomarančnega soka
- 3 žlice olja
- 1 1/2 žlice sojine omake z nizko vsebnostjo natrija
- 1 glava cvetače
- 2 piščančji prsi brez kosti in kože, narezani na kocke
- 1 čajna žlička svežega naribanega ingverja
- 1/4 čajne žličke črnega popra
- 1 čajna žlička kurkume v prahu
- 2 žlici riževega vinskega kisa
- 1 žlica medu
- 1 žlica koruznega škroba
- 1/2 rdeče paprike, narezane na kocke
- 1 skodelica zamrznjenega graha in korenja, mešana
- 2 veliki jajci, pretepeni
- 3 narezane kapestose, razdeljeni beljaki in zelena
- 3 stroki česna, sesekljani

NAVODILA :

a) V skledi za mešanje zmešajte pomarančni sok, rižev vinski kis, sojino omako, med, koruzni škrob in ingver.

b) Preden dodate jajca in črni poper, ponev premažite s pršilom za kuhanje. Jajca dobro umešaj.

c) V ponev stresite grah in korenje, česen, česen in papriko s preostalo žlico olja.

d) Med rednim mešanjem kuhajte 4 minute ali dokler ni zelenjava kuhana.

e) Vanj stresemo narezano cvetačo, pokapano s pršilom za kuhanje.

f) Med rednim mešanjem kuhajte še 5 minut oziroma dokler cvetača ni nekoliko hrustljava.

g) V ponvi s cvetačo dušite kuhanega piščanca, jajca, zelenjavo in omako, dokler se omaka ne zgosti, približno 3 minute.

h) Odstranite ponev z ognja in prelijte z zeleno kapesoto.

62. Cmoki s piščancem in sladkim krompirjem

PORCIRA: 8 PORCIJ

SESTAVINE :

- 1 skodelica zamrznjenega graha
- 1 skodelica narezanega korenja
- 1 žlica olivnega olja
- 2 stroka česna, nasekljana
- 1 skodelica zelenega fižola, narezanega in prepolovljenega
- 1 čajna žlička sode bikarbone
- 1 čajna žlička črnega popra, razdeljena
- 1 čebula, sesekljana
- 1 skodelica ohrovta, oluščenega in narezanega
- 1 skodelica pšenične moke
- 1/2 skodelice večnamenske moke, razdeljeno
- 1 skodelica pinjenca
- 3 skodelice kuhanih piščančjih prsi, narezanih
- 1 srednje velik sladki krompir, kuhan, olupljen in pretlačen
- 2 skodelici piščančje juhe z nizko vsebnostjo natrija
- 1/8 čajne žličke soli

NAVODILA :

a) V ponvi segrejemo olje.

b) Praženo čebulo premešajte s korenjem, stročjim fižolom, grahom, ohrovtom, česnom in poprom. Kuhajte 8 minut, občasno premešajte.

c) Po dodajanju moke kuhajte še 3 minute.

d) Mešanico juhe, zelenjave in moke stresite v lonec in zavrite.

e) Zmešajte zelenjavo in narezan piščanec. Maso enakomerno porazdelite med 16 skodelic za mafine.

f) V posodi za mešanje zmešajte moko, sodo bikarbono, sol in preostali poper.

g) Zmešajte pire iz sladkega krompirja in pinjenec.

h) Testo enakomerno porazdelite med 16 skodelic za mafine, nato pa jih prelijte z mešanico piščanca.

i) Pečemo 15 minut oziroma dokler na vrhu ne postanejo zlato rjave barve.

63. Kremno pečen piščanec

POROCI: 4 SERCIJI

SESTAVINE :

- 1 žlica olivnega olja
- 1/2 skodelice naribanega sira cheddar z nizko vsebnostjo maščob
- 2 srednji piščančji prsi brez kosti in kože, narezani po dolžini
- 1 čajna žlička črnega popra
- 1/3 skodelice grškega jogurta
- 1 čajna žlička čebule v prahu
- 1/2 skodelice panko
- 1 čajna žlička česna v prahu

NAVODILA :

a) Piščanca razporedite po dobro naoljenem obrobljenem pekaču.

b) Drež z grškim jogurtom.

c) V majhni posodi za mešanje zmešajte panko, sir cheddar, olivno olje, česen v prahu, čebulo v prahu in črni poper.

d) S to mešanico potresemo po vrhu piščanca in ga potisnemo navzdol.

e) Piščanca pečemo 12 minut pri 425 stopinjah.

64. Pečen piščanec in paradižnik

POROCI: 4 SERCIJI

SESTAVINE :

- 2 piščančji prsi, prerezani po dolžini
- 3 stroki česna, sesekljani
- 1 skodelica kvinoje
- 1 žlica kopra
- 1 čajna žlička črnega popra
- Sok 1 limone
- 1 žlica rastlinskega olja
- 1 paprika, narezana na kocke
- 1 čajna žlička soli
- 1 kumaro narezano na kocke
- 1 skodelica češnjevih paradižnikov, narezanih na četrtine
- 1 skodelica zdrobljenega feta sira z zmanjšano vsebnostjo maščob

NAVODILA :

a) V majhni skledi za mešanje zmešajte olje, stroke česna in liste bazilike.

b) Piščančje prsi stresite v marinado v vrečko z zadrgo.

c) V majhni kozici zavrite balzamični kis in med.

d) V majhni posodi za mešanje zmešajte sesekljane paradižnike, preostala 2 stroka česna in 1/4 skodelice listov bazilike; dati na stran.

e) V veliki ponvi segrejte preostalo 1 žlico oljčnega olja na srednje močnem ognju.

f) Pecite 2 piščančji prsi naenkrat v ponvi 3 minute na vsaki strani ali do svetlo zlato rjave barve.

g) Polovičke piščančjih prsi pokapajte s 1/4 skodelice paradižnikove mešanice in balzamične glazure.

65. Sheet Pan Fajitas

POROCI: 4 SERCIJI

SESTAVINE :

- 2 papriki, narezani na tanke trakove
- 2 piščančji prsi brez kosti in kože, narezani na tanke trakove
- 8 koruznih tortilj
- 2 žlici olivnega olja
- 1 čebula, narezana
- 3 stroki česna, sesekljani
- 2 limeti, razdeljeni
- 1 žlica čilija v prahu
- 1/2 skodelice grškega jogurta
- 3/4 čajne žličke paprike
- 1 čajna žlička cayenne
- 1 čajna žlička soli
- 1/2 žlice kumine

NAVODILA :

a) Obrobljen pekač rahlo namastimo in obložimo s folijo.
b) Narezan piščanec, čebulo, papriko in česen na pekaču pokapajte z oljčnim oljem.

c) V majhni skledi zmešajte čili v prahu, kumino, koruzni škrob, papriko, sol in kajenski poper.

d) Piščanca in zelenjavo začinite s kombinacijo začimb.

e) Piščanca in zelenjavo pečemo 25 minut pri 425 stopinjah.

f) Medtem olupite in iztisnite sok limete, nato pa jo zmešajte z grškim jogurtom.

g) Fajitas postrezite s prilogo iz grškega jogurta in rezinami limete. Uživajte!

66. <u>Piščančji krompirjev hašiš</u>

OBROKI: 2

SKUPNI ČAS ZA PRIPRAVO: 15 minut

SESTAVINE

- 1/2 skodelice narezane bučke
- 12 unč mletega piščanca
- 1 skodelica narezane rumene čebule
- 6 žlic hladno stiskanega olivnega olja, razdeljeno
- 1 žlica naribanega korenja
- 1/2 skodelice naribanega krompirja
- 1 jajčevec, olupljen in narezan

NAVODILA

a) Ponev naoljite in v ponvi na zmernem ognju 10 minut kuhajte piščanca, med stalnim mešanjem in razbijanjem večjih kep.
b) 2 žlici oljčnega olja, pomaščena ponev Zelenjavo kuhajte 5 minut na majhnem ognju ali dokler ni mehka, vendar ne razmočena.
c) V ponvi zmešajte kuhanega piščanca in zelenjavno kombinacijo. Z lopatko proti prijemanju sploščite testo.
d) Kuhajte 6 minut na srednji temperaturi. Uprite se impulzu po gibanju.

e) Preostalo oljčno olje pokapajte po vrhu zmesi in jo razdrobite s široko lopatico proti prijemanju.
f) Kuhajte, dokler ne dobite želene hrustljavosti.

67.   **Pečen balzamični piščanec**

OBROKI: 4

SKUPNI ČAS PRIPRAVE: 15 MINUT

SKUPNI ČAS KUHANJA: 1 URA (PLUS 2 URI ZA MARINIRANJE PIŠČANCA)

SESTAVINE:

- Ščepec črnega popra, sveže mletega
- 1 piščanec (cel) narezan na koščke
- 2 žlici limoninega soka
- 2 žlici gorčice (Dijon)
- 1 čajna žlička limonine lupinice
- 1 žlica balzamičnega kisa
- 1 skodelica piščančje juhe
- 1 žlica peteršiljevih listov
- 2 mleta stroka česna
- 2 žlici olivnega olja
- 1 žlica soli

NAVODILA:

a) Zmešajte kis, gorčico, limonin sok, česen, olivno olje, sol in poper.

b) V veliki plastični vrečki, ki jo je mogoče zapreti , zmešajte preliv in kose piščanca.

c) Pustite v hladilniku vsaj 2 uri do enega dneva, občasno obrnite kose piščanca.

d) Piščanca vzamemo iz vrečke in ga položimo v velik naoljen pekač.

e) Pokrito pražimo 1 uro.

f) Pečico segrejte na 350 °F in posodo postavite na kuhalno ploščo na srednje nizek ogenj.

g) Piščančjo juho vmešajte v kaplje iz ponve.

h) Piščanca pokapljajte s sokom od kuhanja.

i) Piščanca postrezite z limonino lupinico in okrasom s peteršiljem.

68. Oljčni piščanec

OBROKI: 4

SKUPNI ČAS ZA PRIPRAVO: 15 minut

SKUPNI ČAS KUHANJA: 2 uri

SESTAVINE:

- 4 piščančja bedra
- 3 žlice olja
- 2 čebuli, narezani na tanke rezine
- 2 žlici naribane limonine lupinice
- 1 skodelica oliv, izkoščičenih in narezanih
- 1 žlica limoninega soka
- 3 stroki česna, strti
- ½ čajne žličke mletega ingverja
- ¼ čajne žličke zdrobljenih žafranovih niti
- 1½ skodelice piščančje juhe
- ¼ skodelice svežih peteršiljevih listov, sesekljanih
- ¼ skodelice svežih listov cilantra, sesekljanih
- Sol
- Mleti črni poper

NAVODILA:

a) Piščanca pokapajte z limoninim sokom in potresite s soljo in črnim poprom.

b) V veliki nizozemski pečici segrejte olje na močnem ognju in pecite piščančja bedra približno 4 do 6 minut na vsaki strani.

c) Preostale sestavine pustimo vreti približno 1 uro, razen zelišč.

d) Primešamo zelišča in pustimo vreti še 15 minut.

e) Postrezite takoj.

69. Piščančja in zelenjavna sota

OBROKI: 4

SKUPNI ČAS ZA PRIPRAVO: 15 minut

SKUPNI ČAS KUHANJA: 22 minut

SESTAVINE:

ZA MARINADO ZA PIŠČANCA:

- 1½ čajne žličke mlete kumine
- 1 jajce, pretepeno
- 1 čajna žlička mletega koriandra
- 2 žlici tapiokinega škroba
- 2 stroka česna, zdrobljena
- 4 narezane piščančje prsi brez kosti
- 2 žlički svežega nasekljanega ingverja
- 1 čajna žlička rdeče paprike v prahu
- 2 žlički mlete kurkume

KUHATI:

- 1 čebula, narezana na kocke
- 1 žlica česnove paste
- 2 žlici olivnega olja
- 1 čajna žlička rdeče paprike v prahu
- 1 žlica ingverjeve paste
- ½ čajne žličke mlete kumine
- Ščepec soli
- 2 žlici rdeče čilijeve paste
- 4 korenčki, olupljeni in narezani
- 2 zeleni papriki, brez semen in narezani na kocke

- 1-2 zelena čilija, brez semen in narezana na rezine

NAVODILA:

a) Združite vse sestavine za marinado.
b) Dodajte piščanca in temeljito premešajte.
c) Pustite 2 uri marinirati v hladilniku.
d) Na močnem ognju segrejte olje in piščanca kuhajte 4 minute do zlato rjave barve.
e) V isti ponvi približno 2-3 minute dušite čebulo, ingverjevo pasto, česnovo pasto, rdečo čilijevo pasto, čili v prahu, kumino in sol.
f) Po dodajanju zelenjave kuhajte približno 10 minut.

70. Piščanec, zelenjava in mango

OBROKI: 4

SKUPNI ČAS ZA PRIPRAVO: 15 minut

SKUPNI ČAS KUHANJA: 18 minut

SESTAVINE:

- 2 žlici kokosovega olja
- 2 (8 unč) piščančjih prsi brez kože in kosti, narezane na rezine
- 1 drobno narezana rdeča čebula
- 1 mango, olupljen, brez semen in narezan na kocke
- 2 stroka česna, nasekljana
- 1 bučka, narezana na rezine
- 1 skodelica gob, narezanih
- Ščepec soli in mlet črni poper
- 3 žlice kokosovih aminokislin
- $\frac{1}{4}$ čajne žličke rdeče paprike, zdrobljene
- 1 paprika, narezana na kocke
- 1/2 skodelice indijskih oreščkov, opečenih
- 2 žlici svežega ingverja, sesekljanega
- 1 šop brokolija (narezan na majhne cvetke)

NAVODILA:

a) V ponvi na močnem ognju stopite kokosovo olje in piščanca pražite približno 4-5 minut ali dokler ne porjavi.
b) Piščanca prestavimo na krožnik.

c) V isto ponev dodajte čebulo, česen in ingver ter pražite približno 1-2 minuti.
d) Dodajte mango, brokoli, bučke in papriko ter kuhajte približno 5 do 7 minut.
e) Dodajte piščanca, fižolove kalčke, kokosove aminokisline , kosmiče rdeče paprike, sol in črni poper ter kuhajte 3-4 minute ali do želene pečenosti.
f) Postrezite z indijskimi oreščki.

71. Piščanec Margarita

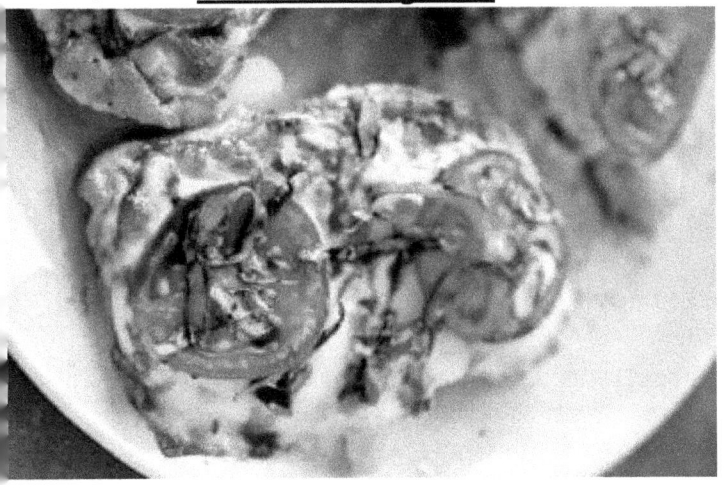

Služi: 4

SESTAVINE :

- 1 žlica oljčnega olja
- 4 piščančje prsi brez kosti in kože
- 1 skodelica pripravljene salse verde
- 1 skodelica naribanega popra jack sira
- 1 (15 oz.) črni fižol, oplaknjen in odcejen
- 1 limeta, stisnjena v sok
- ½ čajne žličke kumine v prahu
- Sol in črni poper po okusu
- Sesekljan svež cilantro

NAVODILA

a) Pečico segrejte na 450 stopinj F.

b) V ponvi, primerni za pečico, na srednjem ognju segrejte olje.

c) Piščanca začinite s soljo in črnim poprom. Kuhamo v olju 3 minute

d) na stran ali do svetlo zlato rjave barve.

e) Piščanca prelijemo s salso in po vrhu raztresemo sir. Prenesite ponev v

f) pečico in pecite 5 minut oziroma dokler se sir ne stopi in omaka postane mehurčkasta.

g) Medtem v loncu zmešajte črni fižol, limetin sok, kumino v prahu,

h) sol in črni poper. Na srednjem ognju segrevajte 4 do 5 minut

i) in izklopite toploto.

j) Fižol razdelite na štiri servirne krožnike in na vsakega položite piščanca.

k) Okrasite s cilantrom in postrezite toplo.

72. Pad Thai piščanec

4 porcije

SESTAVINE
- Riževi rezanci
- 2 piščančji prsi
- sol in poper
- 3 čiliji (narezani)
- 3 mlade čebule (sesekljane)
- 2 jajci
- koriander
- 1 žlica limoninega soka
- 1 žlica rjavega sladkorja
- 2 stroka česna (mleta)
- 3 žlice ribje omake
- 60 g kuhanih kozic
- 3 žlice praženih arašidov (rahlo mletih)
- fižolov kalčki
- mange tout ali sladkorni grah

NAVODILA
a) Riževe rezance namočite v vroči vodi za 20 minut ali dokler niso kuhani
b) V ponvi segrejte nekaj olja in dodajte dve stepeni in začinjeni jajci, da naredite omleto . Preložimo na krožnik in narežemo na trakove ter pustimo, da se ohladi.
c) V voku segrejemo nekaj olja in dodamo piščanca, ko se zapre z vseh strani dodamo česen.
d) Dodajte mlado čebulo in kozice (če jih uporabljate) ter med mešanjem pražite še eno minuto

e) Dodajte čili , odcejene rezance, ribjo omako, limonin sok, sladkor in arašide ter na močnem ognju med mešanjem pražite še minuto.
f) Vanj stresite fižolove kalčke, trakove omlete , mange in med mešanjem hitro pražite približno 30 sekund
g) Pretresemo koriander in začinimo po okusu. Postrezite vroče.

73. Ananasov piščanec

4 porcije

SESTAVINE
- 2 žlički kanolinega ali sezamovega olja
- 1 (10 oz.) paket zamrznjenega brokolija
- 1/2 C omake za praženje
- 1/4 C ananasovega soka, uporabite rezerviran sok iz konzerviranega ananasa
- 1/4 čajne žličke česna v prahu
- 1/4 čajne žličke zdrobljene rdeče paprike
- 1 (15 oz.) pločevinka odcejenega ananasa ali koščkov ananasa
- 2 C na kocke narezanega kuhanega piščanca

NAVODILA

a) V veliki ponvi na srednje močnem ognju segrejte olje. Dodajte vse sestavine RAZEN ananasa in piščanca. Kuhajte in mešajte, dokler se ne segreje, 5 – 6 minut.

b) Dodajte ananas in piščanca; kuhamo še 2 minuti.

74. <u>Puran bazilike s pečenimi paradižniki</u>

SESTAVINE :

- 1/2 skodelice na tanke rezine narezane sveže bazilike
- 2 puranji prsi
- nekaj kapljic stevije
- 1 skodelica narezanih gob
- 1/2 srednje velike čebule, sesekljane
- Svež peteršilj, za okras
- 1-2 žlici ekstra deviškega oljčnega olja
- 1-pint češnjevih paradižnikov
- Ščepec soli z nizko vsebnostjo natrija in popra

NAVODILA :

a) Paradižnike na pekaču pokapajte z oljčnim oljem in stevio.
b) Solimo in popramo.
c) Pečemo do mehkega, približno 15-20 minut.
d) V večji ponvi na majhnem ognju segrejte eno žlico olivnega olja.
e) Kuhamo 10-12 minut, da se čebula in gobe zmehčajo.
f) Purana položite v ponev, potem ko ste ga začinili z nizko vsebnostjo soli in popra.
g) Kuhajte 15 minut oziroma dokler ni piščanec popolnoma kuhan.
h) Paradižnik razporedimo po dveh krožnikih. Na vsak krožnik položite eno puranje prsi, nato pa čebulo, gobe in izcedek iz ponve. Postrezite s peteršiljem kot okras.

75. Preprost piščančji parmezan

SESTAVINE
KOKOŠ
- 3 majhne piščančje prsi
- Sol in poper po okusu
- 1 skodelica sira Mozzarella

PREMAZ
- 5 oz. Svinjske olupke
- 1/4 skodelice moke iz lanenega semena
- 1/2 skodelice parmezana
- 1 čajna žlička origana
- 1/2 čajne žličke soli
- 1/2 čajne žličke popra
- 1/4 čajne žličke kosmičev rdeče paprike
- 1/2 čajne žličke česna
- 2 čajni žlički paprike
- 1 veliko jajce
- 1 1/2 čajne žličke piščančje juhe
- 1/4 skodelice olivnega olja

NAVODILA
a) V kuhinjskem robotu zmeljemo svinjske olupke, laneno moko, parmezan in začimbe.
b) Piščančje prsi narežemo na pol ali na tretjine in jih zdrobimo v zrezke.
c) Začinimo po okusu.

d) V ločeni posodi za premaz, razpoke in jajce in stepemo s piščančjo juho.
e) V ponvi zmešajte vse sestavine za omako in zmešajte.
f) Pustite, da se kuha vsaj 20 minut, medtem ko pripravljate piščanca.
g) Panirajte vse piščančje kotlete tako, da jih pomočite v jajčno mešanico, nato pa jih pomočite v mešanico za premaz. Odložimo na kos folije.
h) V ponvi segrejte olivno olje in popecite vsak kos piščanca po 2 naenkrat.
i) Kose piščanca položite v enolončnico, na vrh dodajte omako in nato potresite z 1 skodelico mocarele.
j) Pečemo pri 400 F 10 minut ali dokler se sir lepo ne stopi
k) Postrezite z brokolijem in olivami ob strani.

76. Piščanec Marsala

Obroki: 4

SESTAVINE :

- ¼ skodelice moke
- Sol in poper po okusu
- ½ čajne žličke timijana
- 4 piščančje prsi brez kosti , pretlačene
- ¼ skodelice masla
- ¼ skodelice olivnega olja
- 2 mleta stroka česna
- 1 ½ skodelice narezanih gob
- 1 na kocke narezana majhna čebula
- 1 skodelica marsale
- ¼ skodelice pol in pol ali težke smetane

NAVODILA :

a) V skledi za mešanje zmešajte moko, sol, poper in timijan.

b) V ločeni skledi potopite piščančje prsi v mešanico.

c) V veliki ponvi stopite maslo in olje.

d) V ponvi 3 minute kuhajte česen.

e) Vanjo stresite piščanca in ga na vsaki strani pecite 4 minute.

f) V ponvi zmešajte gobe, čebulo in marsalo.

g) Piščanca kuhamo 10 minut na majhnem ognju.

h) Piščanca prestavimo na servirni krožnik.

i) Vmešajte pol-pol ali gosto smetano. Nato med kuhanjem na visoki temperaturi 3 minute nenehno mešajte.

j) Piščanca prelijemo z omako.

77. Česen Cheddar piščanec

Obroki: 8

SESTAVINE :

- ¼ skodelice masla
- ¼ skodelice olivnega olja
- ½ skodelice naribanega parmezana
- ½ skodelice Panko drobtin
- ½ skodelice zdrobljenih krekerjev Ritz
- 3 mleti stroki česna
- 1 ¼ ostrega cheddar sira
- ¼ čajne žličke italijanske začimbe
- Sol in poper po okusu
- ¼ skodelice moke
- 8 piščančjih prsi

NAVODILA :

a) Pečico segrejte na 350 stopinj Fahrenheita.

b) V ponvi stopite maslo in olivno olje ter 5 minut pražite česen.

c) V veliki skledi za mešanje zmešajte krušne drobtine, zlomljene krekerje, oba sira, začimbe, sol in poper.

d) Vsak kos piščanca čim hitreje potopite v mešanico masla in olivnega olja.

e) Piščanca pomokajte in ga potresite vanjo.

f) Pečico segrejte na 350°F in piščanca premažite z mešanico krušnih drobtin.

g) Vsak kos piščanca položite v pekač.

h) Po vrhu pokapajte mešanico masla/olja.

i) Pečico segrejte na 350°F in pecite 30 minut.

j) Za večjo hrustljavost postavite pod brojlerje za 2 minuti.

78. **Piščančji Fettuccini Alfredo**

Obroki: 8

SESTAVINE :

- 1 lb fettuccine testenin
- 6 piščančjih prsi brez kosti in kože, lepo narezanih na kocke $\frac{3}{4}$ skodelice masla, razdeljeno
- 5 mletih strokov česna
- 1 čajna žlička timijana
- 1 čajna žlička origana
- 1 na kocke narezana čebula
- 1 skodelica narezanih gob
- $\frac{1}{2}$ skodelice moke
- Sol in poper po okusu
- 3 skodelice polnega mleka
- 1 skodelica težke smetane
- $\frac{1}{4}$ skodelice naribanega sira gruyere
- $\frac{3}{4}$ skodelice naribanega parmezana

NAVODILA :

a) Pečico segrejte na 350 °F in kuhajte testenine v skladu z navodili na embalaži , približno 10 minut.

b) V ponvi stopite 2 žlici masla in dodajte piščančje kocke, česen, timijan in origano ter kuhajte na nizki temperaturi 5 minut ali dokler piščanec ni več rožnat. odstraniti _

c) V isti ponvi stopite preostale 4 žlice masla in prepražite čebulo in gobe.

d) Mešajte moko, sol in poper 3 minute.

e) Dodajte smetano in mleko. Mešajte še 2 minuti.

f) Na majhnem ognju 3 minute mešajte sir.

g) Piščanca vrnite v ponev in začinite po okusu.

h) Kuhajte 3 minute na nizki temperaturi.

i) Omako prelijemo čez testenine.

PIŠČANČJA ENOLOČNICA

79. Piščančja enolončnica iz cvetače

OBROKI: 10

SKUPNI ČAS ZA PRIPRAVO: 15 MINUT

SKUPNI ČAS KUHANJA: 1 URA 15 MINUT

SESTAVINE:

- 3 korenčki, olupljeni in narezani
- 2 žlici kokosovega olja
- 2-2½ funtov piščančjih stegen in krač s kostmi
- Sol in mleti črni poper
- 1 čebula, narezana na kocke
- 2 stroka česna, zdrobljena
- 2 žlici sveže sesekljane korenine ingverja
- 1 čajna žlička koriandra v prahu
- 1 čajna žlička mletega cimeta
- ½ čajne žličke mlete kurkume
- 1 čajna žlička paprike
- 2 žlički kumine v prahu
- ¼ čajne žličke kajenskega popra
- 28-unčna pločevinka paradižnika s tekočino

- 1 čajna žlička soli
- 1 glava cvetače, narezana
- 1 paprika, narezana na rezine
- 1 limona, na tanke rezine
- Svež peteršilj, zdrobljen

NAVODILA:

k) Pečico segrejte na 375°F.

l) Stopite 1 žlico kokosovega olja.

m) Dodamo piščanca in pečemo 5 minut na vsaki strani.

n) V isti ponvi na močnem ognju približno 4-5 minut pražite korenček, čebulo, česen in ingver.

o) Dodajte začimbe in preostalo kokosovo olje ter premešajte.

p) Dodamo piščanca, paradižnik, papriko, peteršilj in sol ter dušimo približno 3-5 minut.

q) Na dno pravokotnega pekača zložimo cvetačni riž.

r) Piščančjo mešanico enakomerno razporedite po cvetačnem rižu in okrasite z rezinami limone. Pečemo 1 uro.

80. **Piščančja in zelenjavna enolončnica**

PORCIRA: 4

SKUPNI ČAS PRIPRAVE: 15 MINUT

SKUPNI ČAS KUHANJA: 30 MINUT

SESTAVINE:

- 1/3 skodelice dijonske gorčice
- 1/3 skodelice surovega medu
- 1 čajna žlička bazilike
- 4 piščančje prsi
- 1/4 čajne žličke mlete kurkume
- 1 skodelica svežih šampinjonov, narezanih
- 1 čajna žlička zdrobljene posušene bazilike
- sol
- črni poper, mlet
- ½ glavice brokolija, narezanega na majhne cvetke

NAVODILA:

a) Pečico segrejte na 350°F.

b) Pekač rahlo namastimo.

c) V posodo za mešanje zmešajte vse sestavine, razen piščanca, gob in brokolija. Razporedimo v enolončnico.

d) Cvetove brokolija enakomerno razporedite po piščancu.

e) Polovico medene mešanice enakomerno razporedite po piščancu in brokoliju.

f) Pečemo približno 20 minut.

g) S preostalo omako premažite piščanca in pecite približno 10 minut.

81. Enostavna enolončnica za večerjo

SESTAVINE :

- 3-4 skodelice kuhanega rjavega riža, polnozrnate testenine, jajčni rezanci
- 1 skodelica konzerviranega piščanca, tune ALI lososa, odcejena
- Kuhan krompir v kockah
- 1-2 čajni žlički posušenih zelišč
- 1 (15 oz.) pločevinka stročjega fižola, odcejena in oprana
- 1 (16oz) pločevinka narezanega paradižnika
- 1 (10 oz.) pločevinka gobove/piščančje juhe
- 1/2 skodelice mleka

NAVODILA :

b) Pečico segrejte na 350 F.

c) Združite vse sestavine v pomaščen pekač

d) Pecite 20-25 minut v mikrovalovni pečici pri 50 % moči 15-30 minut, po potrebi zavrtite. Postrežemo toplo.

82. Rižota z gobami in piščancem

SESTAVINE

- 2 žlici masla
- 1/2 lb gob, narezanih na tanke rezine
- 2/3 lb piščančjih prsi brez kosti in kože (približno 2), narezanih na 1/2 inčne kose
- 1 čajna žlička soli
- 1/4 čajne žličke sveže mletega črnega popra
- 5 1/2 skodelice piščančje juhe z nizko vsebnostjo natrija v pločevinkah
- 1 žlica jedilnega olja
- 1/2 skodelice sesekljane čebule
- 1 1/2 skodelice riža Arborio
- 1/2 skodelice suhega belega vina
- 1/2 skodelice naribanega parmezana in še več za serviranje
- 2 žlici sesekljanega svežega peteršilja

NAVODILA

a) V večjem loncu na zmernem ognju segrejemo maslo. Dodajte gobe. Med pogostim mešanjem kuhajte, dokler gobe ne porjavijo, približno 5 minut. Dodajte piščanca, 1/4 čajne žličke soli in popra.

b) Kuhajte, dokler ni piščanec pravkar pripravljen, 3 do 4 minute. Zmes odstranite iz ponve. V srednje veliki ponvi zavrite juho.

c) V velikem loncu segrejte olje na zmerno nizki temperaturi. Dodajte čebulo in med občasnim mešanjem kuhajte, dokler ne postekleni, približno 5 minut. Dodajte riž in mešajte, dokler ne postane moten približno 2 minuti.

d) Rižu dodajte vino in preostale 3/4 čajne žličke soli. Kuhajte in pogosto mešajte, dokler se ne vpije vse vino. Dodajte približno 1/2 skodelice vrele juhe in kuhajte, pogosto mešajte, dokler se ne vpije. Riž in juha morata nežno brbotati, po potrebi prilagodite toploto. Nadaljujte s kuhanjem riža, dodajajte juho po 1/2 skodelice naenkrat in pustite, da jo riž vsrka, preden dodate naslednjo 1/2 skodelice. Tako riž kuhamo do mehkega, skupaj 25-30 minut.

e) Vmešajte piščanca in gobe, parmezan in peteršilj ter segrejte. Rižoto postrezite z dodatkom parmezana.

83. Piščančja enolončnica z orehi

Dobitek: 6 obrokov

SESTAVINE

- 3 cele piščančje prsi; razpolovite, izkoščičite in olupite
- 1 skodelica nekuhanega riža
- 2 skodelici piščančje juhe
- 2 žlici masla ali margarine
- ½ skodelice narezanih mandljev
- 1 pločevinka narezane gobe; 4 oz. izsušeno
- 1 skodelica navadnega jogurta

NAVODILA

a) Piščančje prsi položite v 8-palčno kvadratno posodo z debelejšimi deli na zunanji rob posode.

b) Pokrijte z voščenim papirjem. Pecite v mikrovalovni pečici na srednji temperaturi (70 %), dokler se ne zmehča, 8 do 9 minut. Dati na stran. V srednje veliki skledi zmešajte riž in piščančjo juho.

c) Pokrijte s plastično folijo. Pecite v mikrovalovni pečici pri visoki temperaturi (100 %), dokler se riž ne zmehča, 15 do

17 minut, med kuhanjem dvakrat premešajte. V podolgovat pekač damo maslo. Segrevajte v mikrovalovni pečici pri visoki temperaturi (100 %), dokler se ne stopi, 30 do 45 sekund. Dodajte mandlje in jih premešajte.

d) Pecite v mikrovalovni pečici pri visoki temperaturi (100 %), dokler rahlo ne porjavi, 1 do 2 minuti. Primešamo riž in gobe. Na riž položite piščanca. Pokrijte s plastično folijo.

e) Pogrevajte v mikrovalovni pečici pri srednji temperaturi (70 %), dokler se ne segreje, 4 do 5 minut.

f) Odkrijte, z žlico dodajte jogurt na piščančje prsi. Potresemo s papriko in segrevamo v mikrovalovni pečici na srednji temperaturi (70 %) 1 minuto. Za 6 obrokov.

84. Kremna enolončnica s piščančjimi rezanci v enem lončku

Dobitek: 4 porcije

SESTAVINE

- 1 čajna žlička rastlinskega olja
- 1 čebula, sesekljana
- 2 stroka česna, nasekljana
- ¾ čajne žličke soli
- ¾ čajne žličke popra
- ¾ čajne žličke posušenega timijana
- 1 funt Majhne sveže gobe, prepolovite
- 1 funt piščančjih prsi brez kosti in kože
- ½ skodelice piščančje juhe
- 2 žlici koruznega škroba
- 12 unč konzerviranega 2% evaporiranega mleka
- 6 unč konzerviranega 2% evaporiranega mleka
- 5 skodelic širokih jajčnih rezancev
- 1 skodelica zamrznjenega graha

- 1 žlica dijonske gorčice

NAVODILA

a) V veliki nelepljivi ponvi segrejte olje na srednji vročini; čebulo, česen, sol, poper in timijan med mešanjem kuhajte približno 5 minut ali dokler se čebula ne zmehča. Dodajte gobe; kuhajte na močnem ognju in med mešanjem približno 5 minut ali dokler ne porjavi.

b) Medtem narežite piščanca na velike koščke; premešajte v ponev. Med mešanjem kuhajte približno 4 minute ali dokler notranjost ne postane več rožnata. Piščančjo mešanico postrgajte v skledo; dati na stran.

c) V majhni skledi zmešajte zalogo in koruzni škrob; vlijemo v ponev skupaj z obema pločevinkama evaporiranega mleka. Na srednjem ognju in med mešanjem kuhajte približno. Medtem v velikem loncu z vrelo slano vodo kuhajte rezance približno 5 minut ali dokler se skoraj ne zmehčajo.

d) Dobro odcedite; vrnitev v lonec. Dodajte rezervirano mešanico piščanca, mlečno omako, grah in gorčico; nežno premešajte, da prekrijete rezance.

e) Vlijemo v pomaščen 8-palčni kvadratni pekač. pokrijemo z namaščeno folijo; pečemo v pečici 375F 190C približno 30 minut ali dokler se ne segreje.

f) Postrezite z brstičnim ohrovtom in solato iz naribanega korenja.

85. Piščančja pečenka na žaru

Dobitek: 4 porcije

SESTAVINE

- 3 funte piščanca, razrezanega
- ⅓ skodelice moke
- 2 čajni žlički soli
- ⅓ skodelice olja
- ½ skodelice čebule, narezane na kocke
- ½ skodelice zelene, narezane na kocke
- ½ skodelice zelene paprike, narezane na kocke
- 1 skodelica Catsup
- 1 skodelica Coca-Cole classic
- 2 žlici Worcestershire omake
- 1 žlica soli
- ½ čajne žličke soli, dimljenega hikorija
- ½ čajne žličke listov bazilike
- ½ čajne žličke čilija v prahu
- ⅛ čajne žličke popra

NAVODILA

a) Piščanca sperite in osušite. V skledi zmešamo moko in 2 žlički soli. Kose premažemo z mešanico moke. V ponvi segrejemo olje. Piščanca zapecite z vseh strani.

b) Odstranite popečenega piščanca in ga položite v 3-litrski pekač. Zavrzite kapljice.

c) V skledi združite preostale sestavine in dobro premešajte. Z omako prelijemo piščanca in pazimo, da so vsi kosi pokriti.

d) Pokrijte enolončnico.

e) Pečemo v predhodno ogreti pečici na 350 stopinj F približno $1-\frac{1}{4}$ ure ali dokler piščanec ni mehak kot vilice. Po želji piščanca postrežemo z omako na vročem rižu. Za 4 do 6 obrokov s približno 3 skodelicami omake.

86. Piščančja enolončnica s kislo smetano

Dobitek: 4 porcije

SESTAVINE

- 1 paket nadeva za koruzni kruh
- 1 pločevinka piščančje kremne juhe
- ¼ funta masla
- ½ pinta kisle smetane
- 4 piščančje prsi; izkoščičen in kuhan
- 1½ skodelice piščančje juhe

NAVODILA

a) Maslo stopimo in zmešamo z nadevom. Kislo smetano in kremno piščančjo juho zmešamo in vanjo stresemo na kocke narezano piščančje meso.

b) Na dno pekača 13x9 razporedite polovico mešanice za nadev. Vso piščančjo mešanico razporedite po nadovu.

c) Po vrhu potresemo s preostalim nadevom. Vse skupaj zalijemo z juho.

d) Pečemo pri 350 35 minut.

PIŠČANČJI KARI

87. Piščančji kokosov curry

Služi: 4

SESTAVINE :

- 3 žlice kokosovega olja, razdeljene
- 1 lb piščančjih beder brez kosti in kože, narezanih na 1-palčne
- kosov
- Sol in črni poper po okusu
- ½ srednje rumene čebule, sesekljane
- 3 stroki česna, sesekljani
- 2 žlici mletega ingverja
- 3 žlice rdeče curry paste
- 2 žlički rumenega karija
- 2 čajni žlički koriandra v prahu
- 1 velika rdeča paprika, očiščena in narezana na rezine
- 1 (14 oz.) pločevinka polnomastnega kokosovega mleka
- 2 žlici rjavega sladkorja
- 2 žlički ribje omake, neobvezno
- 1 žlica svežega limetinega soka

- ¼ skodelice sesekljanega svežega cilantra

NAVODILA

a) V srednji posodi na zmernem ognju stopite polovico kokosovega olja.

b) Piščanca začinite s soljo in črnim poprom. Popečemo na olju z obeh strani 6 minut ali do svetlo zlato rjave barve. Odstranite piščanca na a krožnik in odstavite.

c) V loncu segrejte preostalo kokosovo olje in prepražite čebulo, česen in ingver 3 minute ali dokler ne postane mehka in dišeča.

d) Začinite s curry pasto in prahom ter koriandrom v prahu; vmešaj papriko, piščanca in kuhajte 4 minute ali dokler se paprika ne zgosti ponudba.

e) Dodamo kokosovo mleko, rjavi sladkor, ribjo omako in pustimo vreti 7 do 10 minut. Po potrebi okus prilagodite s soljo.

f) Zmešajte limetin sok in izklopite toploto. Okrasite s cilantrom in postrezite kari topel.

88. Puranje prsi s karijem

SESTAVINE

- 1 žlica soli
- 1 žlica paprike
- 1 žlica rjavega sladkorja
- 1 žlica začimb za perutnino
- 1 žlica popra
- 1 žlica mlete kumine
- 2 žlici blagega karija v prahu
- 1 žlica timijana
- 1 3- do 5-kilogramske puranje prsi

NAVODILA

a) Segrejte olje v cvrtniku ali nizozemski pečici na 350 °F.
b) V majhni skledi zmešajte vse sestavine ruba in premešajte, da se popolnoma premešajo. Mešanico za vtiranje nežno vmasirajte v puranje prsi in pokrijte vse površine. Pustimo počivati na sobni temperaturi 1 do 2 uri.
c) Purana položite v košaro cvrtnika in s kleščami ali košaro za cvrtje POČASI spustite ptico v olje.
d) Prsi naj se kuhajo 7 minut na funt mesa in dodajte 5 minut, da dobite skupni čas kuhanja. (3 funte puranjih prsi X 7 minut na funt = 21 minut + 5 dodatnih minut = 26 minut skupnega časa kuhanja).
e) Ko je čas kuhanja končan, izključite plin in počasi odstranite prsi, da se olje ne razlije. Uporabite klešče ali dvigalo za purane, da odstranite ptico, če ste jo pekli v nizozemski pečici. Prsi pokrite s folijo pustite stati 10 minut.
f) Ohladimo in postrežemo.
g) Služi za 6–8

89. Tajski zeleni curry

SESTAVINE

- 2 piščančja prsa
- 1 pločevinka kokosovega mleka ali kokosovega mleka z nizko vsebnostjo maščob
- 1 čebula
- 1 jajčevec
- 1 sesekljan zeleni čili Thai Green Curry pasta

NAVODILA

a) Za pripravo curryja, pasto kuhajte v velikem voku s premazom proti prijemanju ali veliki ponvi na majhnem ognju 5 minut. Piščanca narežemo na trakove in dodamo v ponev s sesekljano čebulo. Kuhajte 5–8 minut ali dokler ne postane več rožnato. Dodamo narezane jajčevce.

b) Vmešajte kokosovo mleko in pustite vreti približno 10 minut oziroma dokler ni piščanec kuhan. Potresemo po čiliju in postrežemo z rižem

90. Kokosova curry juha z rezanci s piščancem

SESTAVINE

- 1 žlica rumene ali rdeče curry paste
- 1 žlica ribje omake
- 1 čajna žlička sladkorja ali javorjevega sirupa
- 2 stroka česna, nasekljana
- 1 žlica šalotke, mlete
- 3 skodelice okusne kremne juhe iz ingverja in kurkume
- 1 skodelica nesladkanega napitka iz kokosovega mleka
- 2 baby bok choy, po dolžini prerezana na pol
- 2 piščančja bedra, narezana na majhne koščke
- 1/2 paketa riževih rezancev
- 1 limeta, narezana na kolesca
- cilantro za okras

NAVODILA

a) Začnite z namakanjem riževih rezancev v topli vodi za 10 minut.

b) V velikem loncu segrejte na srednji temperaturi z malo olja. Dodamo česen, šalotko in med mešanjem pražimo minuto, da zadiši. Dodamo curry pasto in kuhamo še eno minuto, da se začimbe prepražijo. Nalijte rastlinsko kremno juho Pacific Foods Zesty Ginger in kurkuma ter kokosovo mleko. Pustite, da zavre in zmanjšajte vreti.

c) V drugi ponvi segrejte na srednje močan ogenj in dodajte nekaj olja. Bok choy na hitro popražimo, da rahlo zoglene, in ga prestavimo na krožnik. V isto ponev dodamo piščanca (ali tofu), začinimo s soljo in poprom ter med mešanjem pražimo, dokler ni popolnoma kuhan. To dodajte v lonec za juho in pustite, da na majhnem ognju vre še 10-15 minut.

d) Ko ste pripravljeni za postrežbo, odcedite riževe rezance, ki se namakajo, in jih ločeno skuhajte v drugem loncu z vrelo vodo v skladu z navodili na embalaži. V veliko skledo dodajte kuhane rezance, na rezance nalijte nekaj juhe, dodajte bok choy, kanček limete in na vrhu okrasite s cilantrom. Uživajte!

91. **Tajska kokosova ramen juha**

SESTAVINE

- 2 žlici olivnega olja
- 1 skodelica narezanih gob
- ½ skodelice narezane rdeče paprike
- 3 stroki česna
- 1 žlica tajske rdeče curry paste
- 1 piščančja prsa, narezana
- 4 skodelice piščančje juhe
- 1 skodelica kokosovega mleka
- 1 žlica ribje omake
- 1 žlica rjavega sladkorja
- 1 steblo limonske trave
- 2 lista kafirske limete
- Bok Choy / špinača / zelenjava
- Sok limete
- Cilantro
- Zelena čebula

NAVODILA

a) V lonec dodamo olivno olje in pustimo, da se segreje. Dodamo narezano piščančje meso in začinimo s soljo in poprom. pražite 5 minut, dokler niso kuhani.

b) Odstranite z ognja. Dodamo še eno kapljico olivnega olja in dodamo zdrobljeno limonsko travo. Dodamo gobe, papriko, česen in pražimo 3 minute. Dodajte rdečo curry pasto in dobro premešajte.

c) Dodajte kokosovo mleko, piščančjo juho, ribjo omako, rjavi sladkor in liste kaffir limete. Posušene liste lahko najdete v posebnem azijskem oddelku, če ne najdete svežih listov (običajno so na voljo v azijskih trgovinah).

d) Pustite, da juha vre 20 minut, nato pa vanjo dodajte piščanca. Tik pred serviranjem dodajte rezance in zavrite juho, dodajte limeto in bok choy ter izklopite toploto. Želite, da bok choy še vedno hrustlja, sicer bo postal zelo voden. Prelijemo v skledo z rezanci in uživamo.

e) Na vrh dajte cilantro in zeleno čebulo ter še en kanček limete, če vam je všeč trpko.

92. Vietnamski piščančji curry

SESTAVINE :

- 1 lb piščančjih beder
- 1 lb piščančjih krač
- 1 žlica Madras curryja
- 1 čajna žlička čebule v prahu
- 1 čajna žlička česna v prahu
- 1 čajna žlička košer soli
- Sveže mlet poper
- 1 čebula, sesekljana
- 3-4 stroki česna, sesekljani
- 2 stebli limonske trave, narezani na 2 cm velike kose.
- 1 žlica mletega ingverja
- 2 žlici ribje omake
- 1 žlica sladkorja
- 3 žlice Madras curryja
- 1 skodelica piščančje juhe
- 1 pločevinka kokosovega mleka

- 3 korenje, narezano na 1 cm velike kose
- 4-5 zlatih krompirjev Yukon, narezanih na 1 cm velike kose

NAVODILA

a) Za mariniranje piščanca: dodajte piščanca v skledo in ga marinirajte z 1 žlico madras curryja, čebulo v prahu, česnom v prahu in košer soljo. Pustite, da se marinira vsaj 15 minut, medtem pa pripravite ostale sestavine.

b) Na instant loncu pritisnite gumb za dušenje in prilagodite nastavitev »več«. Naj postane vroče.

c) Dodamo olivno olje in dodamo narezano čebulo ter pražimo nekaj minut, da čebula porjavi. Dodajte ingver, česen. Dobro premešamo z mesom. Dodajte preostale sestavine in samo polovico kokosovega mleka.

d) Pokrijte in pritisnite gumb za meso/dušenje ter pustite 20 minut.

e) Ko je instant lonec pripravljen, odzračite ali pustite, da naravno pade tlak, nato odstranite pokrov in vlijte preostanek kokosovega mleka.

f) Po okusu začinimo s soljo. Postrezite s francosko bageto. Uživajte!

93. **Tajski piščanec s kokosovim curryjem**

Služi 4

SESTAVINE :

- 1 žlica kokosovega olja
- 3 organske piščančje prsi iz proste reje , narezane na majhne koščke
- 1 majhna čebula, sesekljana
- 2 stroka česna, nasekljana
- 14 unč lahko kokosovega mleka
- 2 žlici rumenega karija
- 2 srednji bučki, sesekljani
- 4 srednje velike korenčke, sesekljane
- 2 papriki, sesekljani
- 1 skodelica gob
- Po želji: rdeča leča ali rjavi riž

NAVODILA :

a) V veliki ponvi na srednjem ognju segrejte kokosovo olje in dodajte piščanca, čebulo in česen.

b) Dodajte kokosovo mleko in kari, ko je piščanec skoraj pečen. Kuhajte 2 minuti na majhnem ognju.

c) Dodamo bučke, korenje in papriko ter kuhamo še 5-10 minut.

d) Gobe dodajte, ko je druga zelenjava skoraj kuhana.

e) Dušimo še 2 minuti.

f) Postrezite čez kuhano rdečo lečo ali rjavi riž.

94. Piščančji curry z nizko vsebnostjo ogljikovih hidratov

NAREDI: 3

SKUPNI ČAS : 20-25 minut

SESTAVINE

- 2 žlici kokosovega olja
- 5-palčni ingver
- 1 srednji zeleni čili
- 2 majhni šalotki
- 2 stroka česna
- 2 čajni žlički kurkume v prahu
- 1 steblo limonske trave
- 1/2 skodelice kokosovega mleka
- 1/2 skodelice vode
- 6 majhnih piščančjih krač
- 1/2 čajne žličke soli
- 1 žlica cilantra, sesekljanega

NAVODILA

g) Ingver, zeleni čili , šalotko in stroke česna pretlačite v pestilu in možnarju ali v mešalniku.

h) Segrejte kokosovo olje na srednje visoki temperaturi in dodajte zdrobljene sestavine . C kuhajte 3 minute .

i) Dodajte kurkumo v prahu in zdrobljeno limonsko travo.

j) Vmešajte piščanca.

k) A dd kokosovo mleko in voda. Začinimo s soljo in pustimo vreti približno 20 minut.

) Postrezite s posipom cilantra!

ZAVITKI IN SENDVIČI

95. Mediteranski zavitek s piščancem

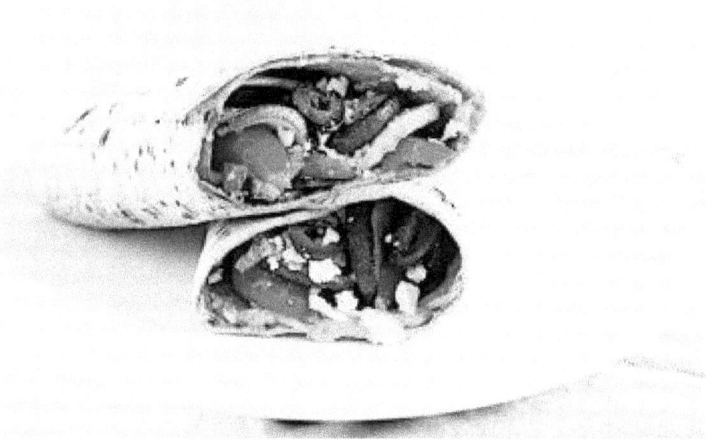

SESTAVINE

- 1 velik list maslene solate
- 2 žlici humusa
- 1/2 skodelice fižolovih kalčkov
- 2 unči (tj. pol skodelice) sesekljanih, kuhanih piščančjih prsi
- 1 čajna žlička za'atar ali sezamovih semen

NAVODILA

a) Pripravite solato. List solate položite tako, da je rebro vodoravno. Če nimate dovolj velikega lista, lahko dva kosa maslene solate vedno zlepite skupaj z malo humusa. Preprosto položite tanko plast humusa na rob enega kosa solate in nato položite drugi kos solate na vrh in pritisnite navzdol.

b) Razporedite humus. Začnite tako, da humus enakomerno porazdelite po spodnji tretjini solatnega lista. Želite ga razporediti v enakomernem sloju, ne le v velikem krogu. Okoli lista bi morali imeti dvopalčni rob.

c) Sestavite ovoj. Na sredino zavitka položimo kuhane, narezane piščančje prsi. Nato dodajte kalčke. Za-atar enakomerno porazdelite po vseh sestavinah . Nato zvijte ovoj. Začnite tako, da prepognete stranice na sredino .

d) Nato ga zvijte vodoravno in ga zvijte stran od sebe, kot da bi pripravljali burrito.

e) Lahko ga uživate takoj ali pa ga zavijete v plastično folijo in ohladite.

96. Piščančji suši burger

Obroki: 2

SESTAVINE

SUSHI RIŽ

- 1 skodelica riža za suši 8 oz., opranega
- 1 skodelica hladne vode
- ¼ skodelice črnih sezamovih semen po želji
- Začimba za suši
- ¼ skodelice mirina
- ¼ skodelice riževega vinskega kisa
- ¼ skodelice belega sladkorja
- 1 žlica soli

PIŠČANEC

- 1 piščančja prsa
- 1 jajce
- Brizg mleka
- Sol
- Panko Drobtinice

- Olje za plitvo cvrtje
- Marinada za piščanca
- 1 žlica sojine omake
- 1 žlica riževega vinskega kisa
- 1 čajna žlička česna v prahu
- 1/2 žličke kajenskega popra zmanjšajte, če imate radi manj pekoče
- 1 žlica rjavega sladkorja

PIKANTNA PARADIŽNIKOVA OMAKA

- ½ skodelice ketchup omake
- 2 žlici mirina
- 1 čajna žlička zdrobljenih čilijevih kosmičev
- 1 žlica Worcestershire omake
- Brizganje vode
- Azijska omleta s spomladansko čebulo
- 2 jajci
- 2 žlici mleka
- Velikodušen brizg ribje omake ali sojine omake

- 3 mlade čebule na tanko narezane

SLUŽITI

- Kewpie
- Majoneza
- Furikake začimba

NAVODILA

SUSHI RIŽEVE ŽEMLJICE

a) Vse sestavine dajte v majhno ponev in segrevajte na srednjem ognju. Mešajte, da se sladkor in sol raztopita. Ko rahlo zavre, odstavite z ognja in odstavite.

b) Opran riž naj se približno 5-10 minut suši v cedilu ali cedilu. Riž in vodo damo v kuhalnik za riž in pustimo, da se kuha po navodilih proizvajalca. Riž hranite na toplem, dokler ni pripravljen za uporabo.

c) Ko ste pripravljeni pripraviti suši burgerje, riž razporedite v večjo skledo ali posodo.

d) Po vrhu potresemo $\frac{1}{4}$ skodelice semen črnega sezama. Pri roki imejte mokro krpo.

e) Odmerite približno 1/4 skodelice začimbe za suši in jo potresite po vrhu riža ter s široko žlico (kot riževa lopatica) "sesekljajte" in narahlo prepognite riž, pazite, da riža ne zmečkate ali zlomite.

f) Riž grobo razdelite na 4 enake dele.

g) Ročno oblikovanje sušijevih "žemljic" - z mokrimi rokami oblikujte vsako porcijo v burger žemljo. Hranimo jih na krožniku, pokritem z mokro krpo.

h) Oblikovanje suši "žemljic" z jajčnim obročkom - mokre jajčne kolobarje položite na pergamentni papir in v obroč položite en del riža. Riž z mokro žlico vtisnemo v jajčne kolobarje, dokler ne nastane kompaktna, oblikovana riževa žemlja.

i) V majhni ponvi s premazom proti prijemanju premažite nekaj olja in pražite samo eno stran vsake riževe žemljice približno 3 do 5 minut na srednjem ognju ali dokler ne začne rahlo karamelizirati. Odstavite in pokrijte z mokro krpo.

PIŠČANEC

j) Piščančje prsi narežite na pol in jih prerežite na pol, tako da dobite 2 tanka (1 cm debela) fileja piščančjih prsi. Lahko pa uporabite kladivo za meso, da piščančja bedra pretolčete na tanke fileje.

k) Dodajte sestavine za marinado v skledo in dodajte piščančje fileje ter pustite, da se marinirajo nekaj ur (po želji).

l) V skledo dajte jajca, smetano, sol in zmešajte. Piščanca potopite v jajčni prašek in popolnoma premažite. Nato potresemo s panko panko drobtinami. Postavite na stran, dokler ni pripravljen za cvrtje.

m) V ponvi na srednje močnem ognju segrejte olje, da piščančje kotlete plitko popečete. Ko je olje segreto (približno 350°F), previdno položite pohan piščančji kotlet (ponve ne natlačite preveč) in ga pražite 4 minute na vsaki strani, dokler ni zlato rjav in pečen (moj je potreboval 4 minute na vsaki strani). Postavite ga na rešetko za odcejanje, da izteče olje. Lahko ga hranite na toplem v pečici, dokler ga ne potrebujete.

PIKANTNA KETČUP OMAKA

n) Vse sestavine dajte v manjšo ponev. Na srednjem ognju sestavine med mešanjem zavrite. Odstavimo, da se ohladi. Če je pregosto, dodajte kanček vode.

o) Azijska omleta s spomladansko čebulo

p) V skledi stepemo jajca, smetano in ribjo omako.

q) Dva jajčna obročka položimo v ponev proti prijemanju in segrevamo na srednji temperaturi. Jajčne kolobarje popršite z nekaj oljnega razpršila, da se jajca ne sprimejo.

r) Jajčno mešanico razdelite med oba obroča. Na vrh omlete dodajte mlado čebulo in pustite, da se jajca kuhajo.

s) Če nimate jajčnih obročkov, naredite eno omleto naenkrat v majhni ponvi, potresite mlado čebulo in jo enkrat prepognite, da naredite manjše omlete, da se prilegajo burgerju.

SESTAVLJANJE SUSHI BURGERJEV

t) Panirane piščančje kotlete narežemo.

u) Riževo žemljico za suši namažite s pikantno kečapovo omako (omaka Tonkatsu). Narezan piščanec položimo na riževo žemljico. Na vrh piščanca nanesite nekaj začinjene kečapove omake (ali omake Tonkatsu).

v) Na to položite omleto, nato pa kewpie ali majonezo. Na vrh položite drugo riževo žemljo za suši. Uživajte!

97. Polinezijski piščančji sendviči

Dobitek: 1 obrok

SESTAVINE

- 8 unč pločevinke ananasovih rezin
- Neodcejeno
- ¼ skodelice Plus
- 1 žlica majoneze
- ¼ čajne žličke mletega ingverja
- ¼ skodelice Teriyaki omake
- 2 polovici piščančjih prsi,
- Odrt in izkoščičen
- 4 rezine švicarskega sira
- 4 3/4" debeli diagonalni rez
- Rezine francoskega kruha
- 1 skodelica alfalfa kalčkov

NAVODILA

a) Ananas odcedite in prihranite sok; dati na stran. Zmešajte 2 čajni žlički rezerviranega ananasovega soka, majonezo in ingver; dobro premešamo.

b) Pokrijte in ohladite.

c) Zmešajte preostali ananasov sok in teriyaki omako v plitvi posodi na stran. Vsako piščančjo prso položite med 2 lista voščenega papirja in s kladivom za meso ali valjarjem poravnajte na $\frac{1}{4}$-palčno debelino. Vsako dojko prerežite na pol; dodajte mešanici omake teriyaki in enkrat obrnite za premaz.

d) Pokrijte in marinirajte 2 do 4 ure v hladilniku.

e) Odstranite piščanca; rezervna marinada.

f) Piščanca spečemo 5 centimetrov od vročine, 2 minuti na vsaki strani, enkrat polivamo s prihranjeno marinado. Vsak kos piščanca pokrijte z rezino sira in ananasa; pražite, dokler se sir ne stopi.

g) Piščanca položite na kruh; vsak sendvič z odprtim obrazom namažite z začinjeno mešanico majoneze in na vrh vsakega položite $\frac{1}{4}$ skodelice kalčkov.

98. Tandoori piščančji sendviči

Dobitek: 6 obrokov

SESTAVINE

- 6 polovic piščančjih prsi brez kože in kosti
- 2 žlici svežega limoninega soka
- 1 skodelica navadnega jogurta
- 2 žlici sesekljanega svežega ingverja
- 2 stroka česna, sesekljana S
- ½ čajne žličke mlete kumine
- ½ čajne žličke mletega koriandra
- ¼ čajne žličke kajenskega popra
- ¼ čajne žličke kurkume
- 12 rezin kruha iz kislega testa
- Indijska začinjena majoneza

NAVODILA

1) Piščančje prsi brez kosti razporedite v eno plast v velik steklen pekač. Potresemo s svežim limoninim sokom; posolite.

b) V srednji skledi zmešajte navadni jogurt, sesekljan svež ingver, sesekljan česen, mleto kumino, mleti koriander, kajenski poper in kurkumo. Piščančje prsi prelijemo z jogurtovo marinado in jih obrnemo na plašč. Piščanca pokrijte in ohladite 3 do 8 ur.

c) Pripravite žar (srednje visoka temperatura) ali predgrejte brojlerje. Piščančje prsi odstranite iz marinade (ne brišite). Pecite piščanca na žaru, dokler ni ravno kuhan, približno 5 minut na vsako stran. Rahlo ohladimo.

d) Rahlo popečemo (ali na žaru) kruh iz kislega testa. Eno stran vsakega kosa kruha izdatno namažite z indijsko začinjeno majonezo.

e) Piščančje prsi narežite diagonalno. Na vsako od 6 rezin kruha iz kislega testa položite rezine 1 prsi. Na vrh položite preostale rezine kruha.

f) Piščančje sendviče prerežite na pol.

g) Sendviče postrezite tople ali pri sobni temperaturi.

99. Waldorfski sendvič s piščancem

Dobitek: 3 porcije

SESTAVINE

- 1 pločevinka Underwood Chunky Chicken Spread (4 1/2 oz.)
- 1 paket kremnega sira, zmehčanega (3oz)
- ½ srednje velikega jabolka, drobno sesekljanega
- 2 žlici rozin
- 1 steblo zelene, drobno sesekljano
- 6 rezin polnozrnatega kruha

NAVODILA

a) V srednji skledi zmešajte vse sestavine; dobro premešaj. Pokrijte in ohladite 1 uro.

b) Postrezite na polnozrnatem kruhu.

100. Kumarični piščančji pita sendviči

Dobitek: 4 porcije

SESTAVINE

- ½ skodelice navadnega jogurta
- ¼ skodelice kumare; drobno sesekljan
- ½ čajne žličke posušenega plevela kopra
- ¼ čajne žličke posušene mete
- 4 velike pita kruhke
- 4 listi zelene solate
- 6 unč Na tanke rezine narezane popolnoma kuhane piščančje prsi
- 1 paradižnik; tanko narezan
- ⅓ skodelice feta sira; razpadla

NAVODILA

a) Najprej naredite preliv: v majhni posodi zmešajte jogurt, kumare, koper in meto.

b) Za vsak sendvič: na krožnik položite krog pita. Na vrh položite solato, piščanca in paradižnik. Preliv z žlico na vrhu. Potresemo s feta sirom.

c) Vsako pito zvijte in pritrdite z zobotrebci ali zavijte v folijo. Postrezite takoj.

ZAKLJUČEK

Piščančje prsi, bedra ali celo cela ptica imajo mesto na naši kuhinjski mizi. Na žalost to lahko pomeni, da bi preveč zlahka padli v večerno tirnico za naše želje. Navdihnite se s temi 100 recepti za večerjo – zagotovo boste našli novega najljubšega med tednom.

Milton Keynes UK
Ingram Content Group UK Ltd.
UKHW020156230823
427286UK00016B/678